TRANSCRIAÇÃO NA LITERATURA NONSENSE

TRANSCREATION IN LITERARY NONSENSE

TEXTOS SELECIONADOS DA OBRA DE QORPO-SANTO, EM PORTUGUÊS E EM INGLÊS

(VERSÃO BILÍNGUE)

Catalogação na Fonte
Elaborado por: Josefina A. S. Guedes
Bibliotecária CRB 9/870

G748t
2025

Granato, Fernanda Marques
Transcriação na literatura nonsense = Transcreation in literary nonsense: textos selecionados da obra de Qorpo-Santo, em português e em inglês / Fernanda Marques Granato. – 1. ed. – Curitiba: Appris, 2025.
303p. : il. ; 23 cm.

Versão bilíngue.
ISBN 978-65-250-8298-1

1. Literatura nonsense. 2. Literatura comparada - Brasileira e inglesa. 3. Qorpo-Santo, 1829-1883. I. Título.

CDD – 809

Editora e Livraria Appris Ltda.
Av. Manoel Ribas, 2265 – Mercês
Curitiba/PR – CEP: 80810-002
Tel. (41) 3156 - 4731
www.editoraappris.com.br

Printed in Brazil
Impresso no Brasil

Fernanda Marques Granato

TRANSCRIAÇÃO NA LITERATURA NONSENSE

TRANSCREATION IN LITERARY NONSENSE

TEXTOS SELECIONADOS DA OBRA DE QORPO-SANTO,
EM PORTUGUÊS E EM INGLÊS

(VERSÃO BILÍNGUE)

artêra
editorial

Curitiba, PR
2025

FICHA TÉCNICA

EDITORIAL	Augusto V. de A. Coelho Sara C. de Andrade Coelho
COMITÊ EDITORIAL	Ana El Achkar (Universo/RJ) Andréa Barbosa Gouveia (UFPR) Jacques de Lima Ferreira (UNOESC) Marília Andrade Torales Campos (UFPR) Patrícia L. Torres (PUCPR) Roberta Ecleide Kelly (NEPE) Toni Reis (UP)
CONSULTORES	Luiz Carlos Oliveira Maria Tereza R. Pahl Marli C. de Andrade
SUPERVISORA EDITORIAL	Renata C. Lopes
PRODUÇÃO EDITORIAL	Maria Eduarda Pereira Paiz
REVISÃO	Lena Devonne
DIAGRAMAÇÃO	Andrezza Libel
ILUSTRAÇÕES	Bruno Romão
CAPA	Bruno Romão
REVISÃO DE PROVA	Emily Pinheiro

Dedico este livro à Prof.ª Dr.ª Dirce Waltrick do Amarante.

I dedicate this book to Prof. Dr. Dirce Waltrick do Amarante.

AGRADECIMENTO

Agradeço à UFSC, por me permitir realizar a pesquisa de pós-doutorado da qual este livro é resultado.

ACKNOWLEDGMENT

I would like to thank UFSC for allowing me to conduct the postdoctoral research that resulted in this book.

São os autores que fazem as literaturas nacionais, mas são os tradutores que fazem a literatura universal.

(José Saramago)

Authors create national literatures, but translators create universal literature.

(José Saramago)

APRESENTAÇÃO

Este volume com excertos, peças e poemas selecionados *da Ensiqlopèdia ou seis mezes de huma enfermidade*, obra em domínio público desde 1953, produzida por José Joaquim de Campos Leão Qorpo-Santo (1829-1883) entre 1862 e 1864 e publicada originalmente entre janeiro e junho de 1877, em Porto Alegre e na Vila do Triunfo, pela Imprensa literária e pela Tipografia Qorpo Santo, respectivamente, traz alguns textos provenientes dos seis volumes conhecidos (1, 2, 4, 7, 8 e 9; os volumes 3, 5 e 6 até hoje não foram encontrados) na íntegra, conforme disponibilizados no acervo especial Qorpo-Santo da Biblioteca Irmão José Otão, da Pontifícia Universidade Católica do Rio Grande do Sul (PUCRS) disponível para consulta física na universidade em Porto Alegre e consulta online no site da biblioteca[1]. A universidade adquiriu os seis volumes de duas coleções particulares.

Nesta publicação, foram respeitadas tanto a diagramação quanto a ortografia e redação originais, seguindo a escrita da época de produção e o projeto de reforma ortográfica proposto por Qorpo-Santo. Entretanto, alguns termos foram alterados para melhor compreensão e para se adequar às questões sociais do século XXI.

Esta proposta nasceu durante a realização de pós-doutorado em Estudos da Tradução de Fernanda Marques Granato, sob a supervisão da Prof.ª Dr.ª Dirce Waltrick do Amarante, em 2022, na Universidade Federal de Santa Catarina (UFSC).

A publicação de textos selecionados da obra completa de Qorpo Santo em uma edição bilíngue se justifica por sua importância literária e por sua relevância enquanto patrimônio histórico e cultural brasileiro.

---

1 Ver: https://biblioteca.pucrs.br/acervos/colecoes-na-biblioteca/acervos-especiais/qorpo-santo

PRESENTATION

This volume contains excerpts, plays, and poems selected from Ensiqlopèdia ou seis mezes de huma enfermidade, a work in the public domain since 1953, produced by José Joaquim de Campos Leão Qorpo-Santo (1829-1883) between 1862 and 1864 and originally published between January and June 1877, in Porto Alegre and Vila do Triunfo, by Imprensa literária and Tipografia Qorpo Santo, respectively. Herein you can find some texts from the six known volumes (1, 2, 4, 7, 8, and 9; volumes 3, 5, and 6 have not yet been found) in their entirety, as made available in the special Qorpo-Santo collection of the Irmão José Otão Library of the Pontifical Catholic University of Rio Grande do Sul (PUCRS), available for physical consultation at the university in Porto Alegre and online consultation on the library's website[1]. The university acquired the six volumes from two private collections.

In this publication, both the layout and the original spelling and wording have been respected, following the writing of the time of production and the spelling reform project proposed by Qorpo-Santo. However, some terms have been changed for better understanding and to suit the social issues of the 21st century.

This proposal arose during Fernanda Marques Granato's postdoctoral studies in Translation Studies, under the supervision of Prof. Dirce Waltrick do Amarante, in 2022, at the Federal University of Santa Catarina (UFSC). The publication of selected texts from the complete works of Qorpo Santo in a bilingual edition is justified by their literary importance and their relevance as part of Brazil's historical and cultural heritage.

---

[1] See: https://biblioteca.pucrs.br/acervos/colecoes-na-biblioteca/acervos-especiais/qorpo-santo

PREFÁCIO

No vasto e sempre instigante campo da literatura — em suas mais diversas formas e gêneros —, o estudo de obras de autores consagrados é, tradicionalmente, mais comum do que os de obras de autores não canônicos. Há, porém, autores pouco conhecidos que, seja por terem uma produção menos profícua, seja por questões de época, temática, origem ou alguma outra razão, são deixados no fundo da gaveta e se perdem com o tempo, muito embora sua obra mereça e deva ser conhecida e difundida. Literatura é uma atividade atemporal que forma e informa a humanidade. Nada do que ela contém deve ser menosprezado; todos que a produzem devem ser considerados.

Quando encontramos uma pesquisa que retorna no tempo para resgatar e examinar a obra de um autor pouco conhecido — e que merece um olhar mais profundo — somos tomados de uma surpresa agradável; eis aí uma grande oportunidade para vivenciarmos as manifestações dinâmicas e atemporais da literatura, retratando o mundo e o ser humano em seus eternos embates morais, mentais, filosóficos e ideológicos. A obra literária reflete o seu criador; cada um deles, à sua maneira, com seu estilo e suas preocupações próprias, está sempre a nos propor novas percepções, novas formas de olhar o mundo, de enfrentar a existência, revelando-nos o passado, discutindo o presente ou sugerindo-nos um futuro. É na literatura que exercitamos nossa capacidade de comunicação, usando a língua como ferramenta maior na construção do diálogo com o outro, cuja visão de mundo nos é apresentada; com ela aprendemos não somente sobre sua mundividência, como também passamos a conhecer um pouco mais de nós mesmos.

Neste corajoso e instigante livro, Fernanda Marques Granato volta seu olhar cuidadoso para a obra pouco difundida do gaúcho Qorpo Santo (José Joaquim de Campos Leão), dramaturgo, poeta, jornalista, tipógrafo, gramático, entre outros ofícios, que produziu seus trabalhos na segunda metade do século XIX; seus controversos transtornos psíquicos não o impediram de construir uma carreira literária, mesmo diante do estigma que lhe foi imposto, levando-o a se isolar — ou ser isolado — do mundo, o que, de forma alguma, apagou seu fecundo e incontestável talento artístico. Qorpo Santo produziu peças e poemas que, à sua época, e mesmo em tempos mais modernos, foram quase ignorados — talvez tanto quanto ele o foi.

Na década de 1960, porém, intelectuais brasileiros passaram a ver com mais clareza na produção literária de Qorpo Santo tendências modernas e inovadoras no gênero teatro: um precursor do Teatro do Absurdo? Um autor surrealista? Um artífice do nonsense? Ou todos esses elementos juntos? Suas personagens parecem mais reais do que fictícias; em grande parte, elas sugerem uma projeção do próprio "eu" do autor com seus vários e insólitos questionamentos existenciais, reflexo de seu mundo interior, um mundo psicológico e mentalmente conturbado, quando, por exemplo, ele concede às suas personagens de nomes bizarros — por vezes, quase escatológicos — um discurso que mostra o atropelamento e o deslocamento de uma lógica mental; faria sentido, então, associá-lo ao Teatro do Absurdo em uma época em que ainda não se pensava propriamente nesse moderno conceito de dramaturgia. E, com essa nova estratégia estética, Qorpo Santo cria uma espécie caótica de fluxo de consciência, em que o ritmo do tempo também se torna caótico, impossibilitando qualquer lógica e produzindo, em termos formais, um discurso que afronta também a lógica da própria linguagem sob diferentes aspectos: combinações lexicais esdrúxulas, jogos de palavras incomuns, recursos retóricos e combinações rítmicas incongruentes nos seus textos em prosa (teatro); ele também abusa de liberdades gramaticais e gráficas, além de construções sintáticas longas, entrecortadas, muito ao estilo barroco, o que demanda muita atenção e conhecimento do leitor moderno.

Em seu universo textual, Qorpo Santo nos oferece um "deslimite" dos limites considerados aceitáveis ou convencionais na produção literária. Com sua originalidade na dramaturgia, ele cria uma obra que, ao mesmo tempo, convida o público frequentador de teatro a um "riso sério" e o atrai com certo humor insólito, que vai na contramão do teatro convencional, derrubando, assim, a lógica aristotélica predominante.

Qorpo Santo foi absolutamente inovador em sua produção literária; talvez por isso tenha sido considerado "louco", como foram muitos outros autores que, como ele, estavam à frente de seu tempo, desafiando a sociedade e os costumes de sua própria época (Whitman seria apenas um de muitos exemplos que podem ser citados). Seus textos anárquicos, surreais, com marcas do insólito tanto em seus aspectos extrínsecos quanto em seus aspectos intrínsecos, estão para provocar algum desconforto no público. Quando voltamos no tempo e pensamos no teatro brasileiro do século XIX, Qorpo Santo nos propõe uma fusão complexa e original, tanto em forma quanto em conteúdo, tanto em visão de mundo quanto em expressão linguística. É válido também dizer que não lhe faltaram profunda consciência de questões sociais e políticas.

Para articular a tensão entre o ser, o pensar e o dizer, Qorpo Santo cria todo tipo de nonsense, assim nos permitindo perceber a recorrência e a habilidade com que subverte códigos linguísticos de várias formas, tratando a linguagem de maneira quase tão anárquica quanto seus movimentos mentais.

Por todas essas razões e por ter criado esse universo de nonsense, Qorpo Santo, de fato, faz jus a um olhar mais cuidadoso, mais verdadeiro por parte dos pesquisadores de literatura brasileira. Ele dá voz e vez a um mundo desordenado, convidando-nos a refletir sobre o que é, de fato, sentido e o que é, de fato, nonsense, quando falamos da condição humana e da linguagem como veículo essencial de comunicação.

Ao abordar em mais detalhes essa questão do nonsense, Fernanda recorre de maneira apropriada a teóricos da área e a críticos de peso para bem fundamentar sua pesquisa, estabelecendo paralelos muito válidos entre a obra de Qorpo Santo e a do escritor inglês Edward Lear, resguardadas, evidentemente, as devidas proporções relativas à Weltanschauung de cada um. Leia-se aqui nonsense como um termo genérico para nos referirmos a diferentes formas de transgressão veiculadas através da criação artística: eventos desordenados, caóticos; falta de lógica aparente; linguagem "desfigurada", notas de rodapé inusitadas; etc. Em outras palavras, tanto em Qorpo Santo quanto em Edward Lear encontramos as marcas do nonsense, que produzem estranheza e surpreendem o leitor.

Assim, não podemos deixar de notar e anotar que, com sua complexidade mental e inventividade, José Joaquim de Campos Leão, instaura sua própria originalidade e individualidade até mesmo na curiosa grafia de seu heterônimo: Qorpo Santo; quanto ao "Santo" é melhor deixar que cada leitor decodifique esse inusitado adjetivo do qual ele se vale para reforçar sua identidade: afinal estamos no domínio do nonsense — ou, se preferirmos, do sense! — que, de alguma forma, nos remete à nossa condição humana.

É a partir desses fatores que a pesquisa de Fernanda é bastante relevante no meio acadêmico. Ela nos oferece a oportunidade de direcionar nosso olhar para um autor do passado, revisitar sua obra para (re)descobri-la e (re)valorizá-la adequadamente. Fernanda busca resgatar esse gaúcho, esse ser tão enigmático, imerso em um mundo repleto de conflitos e desvarios mentais, que talvez tenha encontrado na escrita, no fazer literário, uma válvula de escape para seus tumultos internos. Não foi Anne Frank quem justificou sua escrita ao afirmar "O papel é mais paciente do que as pessoas"?

Fica aí o convite de Fernanda para voltarmos ao passado e conhecermos essa figura literária tão intrigante e singular.

Alzira Leite Vieira Allegro
Professora de Literaturas de Língua Inglesa e Tradução na Pontifícia Universidade Católica de São Paulo (PUC-SP). Coordenadora da Oficina de Tradução Literária/Prosa na Casa Guilherme de Almeida.

FOREWORD

In the vast and always thought-provoking field of literature — in its most diverse forms and genres — the study and research of works by established authors is traditionally more common than that of works by non-canonical authors. There are, however, little-known authors who, either because they have a less prolific output, or for reasons of era, theme, origin or some other reason, are left at the bottom of the drawer and lost over time, even though their work deserves and should be known and disseminated. Literature is a timeless activity that shapes and informs humanity. Nothing it contains should be overlooked; everyone who produces it should be considered.

When we come across research that goes back in time to retrieve and examine the work of a little-known author — who deserves a deeper look — we are in for a pleasant surprise; here is a great opportunity to experience the dynamic and timeless manifestations of literature, portraying the world and the human being in their eternal moral, mental, philosophical and ideological clashes. The literary work reflects its creator; each of them in their own way, with their own style and concerns, is always proposing new perceptions, new ways of looking at the world, of facing existence, revealing the past to us, discussing the present or suggesting a future. It is in literature that we exercise our ability to communicate, using language as a major tool in building a dialogue with the other person, whose vision of the world is presented to us; from them we learn not only about their worldview but also get to know a little more about ourselves.

With his courageous and thought-provoking post-doc research, carried out in 2022 at the Federal University of Santa Catarina (UFSC) under the supervision of Prof. Dr. Dirce Waltrick do Amarante, Fernanda Marques Granato turns his careful gaze to the little-known work of the gaucho Qorpo Santo (José Joaquim de Campos Leão), the playwright, poet, journalist, printer and grammarian, among other trades, who produced his works in the second half of the 19th century; His controversial mental disorders didn't stop him from building a literary career, despite the stigma that was imposed on him, leading him to isolate himself — or be isolated — from the world, which in no way erased his fruitful and undeniable artistic vein. Qorpo Santo produced plays and poems that, at the time, and even in more modern times, were almost ignored — perhaps as much as he was.

In the 1960s, however, Brazilian intellectuals began to see more clearly in Qorpo Santo's literary production the modern and innovative tendencies in the theatre genre: a precursor of the Theatre of the Absurd? A surrealist author? An artisan of nonsense? Or all of these elements together? His characters seem more real than fictional; to a large extent, they suggest a projection of the author's own "I" with its various and unusual existential questions, a reflection of his inner world, a psychologically and mentally troubled world, when, for example, he gives his characters bizarre names — sometimes almost scatological — a discourse that shows the trampling and displacement of a mental logic; it would make sense, then, to associate him with the Theatre of the Absurd at a time when this modern concept of dramaturgy was not yet properly thought of. And with this new aesthetic strategy, Qorpo Santo creates a kind of chaotic stream of consciousness, in which the rhythm of time also becomes chaotic, making any logic impossible and producing, in formal terms, a discourse that also affronts the logic of language itself in different ways: weird lexical combinations, unusual wordplay, rhetorical resources and incongruous rhyming combinations in his prose texts (theatre); he also abuses grammatical and graphic liberties, as well as long, interspersed syntactical constructions, very much in the Baroque style, which demands a great deal of attention and knowledge from the modern reader.

In his textual universe, Qorpo Santo offers us a "delimitation" of the limits considered acceptable or conventional in literary production. With his originality in dramaturgy, he creates a work that both invites the theatre-going public to "serious laughter" and attracts them with a certain unusual humour that goes against conventional theatre, thus overturning the prevailing Aristotelian logic.

Qorpo Santo was innovative in his literary production; perhaps that's why he was considered "crazy", as were many other authors who, like him, were ahead of their time, challenging the society and customs of their own era (Whitman would be just one of many examples that could be cited). His anarchic, surreal texts, with traces of the unusual in both their extrinsic and intrinsic aspects, are there to provoke some discomfort in the public. When we go back in time and think about 19th century Brazilian theatre, Qorpo Santo offers us a complex and original fusion, both in form and content, both in worldview and linguistic expression. It's also worth saying that he didn't lack a deep awareness of social and political issues.

To articulate the tension between being, thinking and saying, Qorpo Santo creates all kinds of nonsense, thus allowing us to see and realise the recurrence and skill with which he subverts linguistic codes in every way, treating language in a way that is almost as anarchic as his mental movements.

For all these reasons and for having created this universe of nonsense, Qorpo Santo really deserves a more careful and truthful look from Brazilian literature researchers. He gives a voice and a place to a disordered world, inviting us to reflect on what is, in fact, sense and what is, in fact, nonsense, when we talk about the human condition and language as an essential vehicle for communication.

In addressing this issue of nonsense in more detail, Fernanda appropriately draws on theorists in the field and leading critics to provide a good foundation for her research, establishing very valid parallels between the work of Qorpo

Santo and that of the English writer Edward Lear, safeguarding, of course, the appropriate proportions relating to the Weltanschauung of each. Here we read nonsense as a generic term to refer to different forms of transgression conveyed through artistic creation: disorganised, chaotic events; lack of apparent logic; "disfigured" language, unusual footnotes, etc. In other words, in both Qorpo Santo and Edward Lear we find the marks of nonsense, which produce strangeness and surprise the reader.

So we can't help but notice and note that, with his mental complexity and inventiveness, José Joaquim de Campos Leão establishes his own originality and individuality even in the curious spelling of his heteronym: Qorpo Santo; as for "Santo", it's best left to each reader to decode this unusual adjective that he uses to reinforce his identity: after all, we are in the realm of nonsense - or, if we prefer, sense! - which, in some way, reminds us of our human condition.

It is in light of these factors that Fernanda's research is very welcome in academic circles. It gives us the opportunity to turn our gaze to an author from the past and revisit his work in order to (re)discover it and (re)value it as it deserves. Fernanda seeks to rescue this gaucho, this enigmatic being, immersed in a world full of conflicts and mental detours, who perhaps saw writing, literary endeavour, as an outlet for his inner turmoil. Wasn't it Anne Frank who justified her writing by saying, "Paper is more patient than people"?

Fernanda invites us to go back in time and get to know this intriguing and unique literary figure.

Alzira Leite Vieira Allegro

Lecturer in English Literature and Translation at the Pontifical Catholic University of São Paulo. Coordinator at the Literary/ Prose Translation Workshop at Casa Guilherme de Almeida.

SUMÁRIO

PEÇAS/PLAYS 33

EU SOU A VIDA, EU NÃO SOU A MORTE 35
I AM LIFE, DEATH I AM NOT 45
O MARINHEIRO ESCRITOR 55
THE WRITER MARINER 81
UM ASSOVIO 107
A WHISTLING 119
DUAS PÁGINAS EM BRANCO 131
TWO BLANK PAGES 145
DOIS IRMÃOS 159
TWO BROTHERS 173
UM PARTO 187
PARTURITION 205

POEMAS/POEMS 221

POSFÁCIO 299
AFTERWORD 301

PEÇAS/PLAYS

EU SOU A VIDA, EU NÃO SOU A MORTE

Uma comédia em dois atos

Personagens

Lindo
Linda
Rapaz
Manuelinha, filha de Linda

ATO I
Lindo e Linda

LINDA (*cantando*) — Se não tiveres cuidado, algum cão danado te há de matar; Te há d'estraçalhar!

LINDO — Eu sou vida; eu não sou morte! E esta minha sorte; é esta minha lida!

LINDA — Ind'assim, toma sentido! Vê que é tudo fingido; não creias algum louvor: Sabei: — Te trará dor!

LINDO — Se desrespeitará A vida minha? A desse, asinha — Ao ar voará!

LINDA — Não te fies, meu Lindinho, dos que te fazem carinho, Crê que te devoram os lobos; e não coram!

LINDO — Sabei, ó Lindinha: os que me maltratam a si se matam: tu ouves; Anjinha!?

LINDA — Meu Lindo, tu sabes quanto te amo! Quanto te adoro! Sim, meu querido amigo, quem melhor conhece do que tu o amor que neste peito mortal, mas animado por esta alma (*pondo a mão na testa*) imortal, te consagro!? Ninguém, certamente. (*Pegando-lhe na mão*). Adoças-me pois sempre com tuas palavras; com teus afetos; com teu amor ainda que fingido! Sim, meu querido amigo, bafeja-me sempre com o aroma de tuas palavras; com o perfume de tuas expressões! Sim, meu querido, lembra-te que hei sido baixel, sempre batido das tempestades, que por cinco ou seis vezes quase há soçobrado; mas que por graça divina ainda viaja nos mares tempestuosos da vida!

LINDO — Ah! Minha adorada prenda, tu que foste a oferenda que me fez o Criador, em dias do mais belo amor, que pedes? Como pedes àquele que tanto te ama; mais que à própria cama?

LINDA — Há! Há! Há! Meu queridinho; quanto me deste; quanto me felicitaste com as maviosas expressões desses teus bofes, ou pulmões — envoltórios dos corações!

LINDO — Estimo muito. E eu não sabia que tu tinhas o dom de adivinhar que sempre que vou apalpar, sinto bater neste peito — pancadas de ambos os lados; isto é, do esquerdo e direito. O que por certo convence que neste vácuo estreito abrigo dois grãos corações.

LINDA — Há! Há! Há! Eu não digo (*à parte*) que este figo me foi enviado por cão danado? Quer me fazer crer que tem dois corações. (*A ele*). Amiguinho, ainda não sabes de uma cousa. Queres saber? Eu vô-la digo hem? Não responde!

LINDO — O que é; o que é, então!?

LINDA — Ora o que há de ser! Ê que tu tens dois corações dentro do peito, eu tenho duas cabeças por fora dos largos seios.

LINDO — Tu és o diabo! Ninguém pode contigo! És tripa que nunca se enche, por mais que dentro se lhe bote. És vasilha que não chocalha. És... o que eu não quero dizer, porque não quero que se saiba.

LINDA — Pois já que me fazes comparações tão sublimes, eu também vou te fazer uma de que muito te deves agradar. Sabes qual é, não? Pois eu te digo: és o diabo em figura de homem! És... és... (*atirando com as mãos e caminhando de um para outro lado*) és... és! És! E então, que mais queres!? Quero comparações mais bonitas; mais finas; delicadas; e elevadas; ao contrário, ficaremos — figadais inimigos. Tem entendido, Sr. Sultãozinho? Pois se não tiver entendido, entenda! Lindo — Bem. Vou fazer-lhe as mais mimosas que à minha imaginação abundante, crescente, e algumas vezes até demente — ocorrem! Lá vai uma: A Sra. é pêra que não se come!

LINDA — Essa não presta!

LINDO (*batendo na testa*) — É preciso arrancar desta cabeça, ainda que seja com — algum gancho de ferro — uma comparação que satisfaça a esta mulher; ao contrário é capaz de...

LINDA — E não se demore muito com as suas reflexões! Quero a comédia.

LINDA — Qual comédia, nem comédia! O que me comprometi a fazer-lhe foi comparação bonita; e não comédia. Espere, portanto. (*Torna a bater na cabeça, mais no crânio. À parte*): Já que da testa não sai, vejamos se tiro do crânio! Ah! Sim; agora aparece uma; e que bela; que interessante; que agradável; que bonita; que delicada; que mimosa — é a comparação que vou fazer da Sra. D. Linda! Mesmo tão linda como ela! Tão formosa, como a flor mais mimosa! Tão rica, como a jorrosa bica! Tão fina, como a ignota sina! Tão... tão... tão... Quer mais? Quer melhor? Não lhe dou; não lhe faço; não quero! (*A correr em roda dela*): Não lhe dou; não lhe faço; não lhe dou; não lhe faço; não quero; não posso; já disse. (*Repete duas vezes essa última negativa*).

LINDA — Este menino é o diabinho em figura humana! Dança, salta, pula, brinca... Faz o diabo! Sim, se não é o diabo em pessoa, há ocasiões em que parece o demônio; enfim, o que terá ele naquela cabeça!? (*Lindo medita em pé e com uma mão encostada no rosto*). Pensa horas inteiras, e nada diz! Fala como o mais falador, e nada expressa! Come como um cavador, e nada obra! Enfim, é o ente mais extraordinário que meus olhos têm visto, que minhas mãos têm apalpado, que meu coração tem amado!

LINDO — Senhora: vou me embora (*Voltando-se rapidamente para ela, com aspecto muito triste, e salpicado de indignação*): vou; vou, sim! Não a quero mais ver; não sou mais seu!

LINDA (*com sentimento*) — Cruel! Tirano! Suíço! Lagarto! Bicho feio! Mau! Aonde queres ir? Por que não te casas, inda que seja com uma negra quitandeira?

LINDO — Também eu direi; Cruel! Ingrata! Má! Feia! Por que não te ligas ainda que seja a um preto cangueiro?

(*Entra um rapaz todo paramentado, bengala, óculos etc.)*

O RAPAZ (*para um, e depois para a outra*) — vivam, madamas; mais que todos! Lindo — (pondo-lhe as mãos, e empurrando). O que quer pois aqui!? Não sabe que esta mulher é minha esposa!?

O RAPAZ — Dispense, eu não sabia! (*Voltando-se para Linda*): mas Sra., parece-me...

LINDA — O que mais?! Não ouviu já ele dizer que sou mulher dele!? O que mais quer agora? Agora fique solteiro, e vá casar-se com uma enxada! Não quer acreditar que não há direito; que ninguém faz caso de papéis borrados; que isso são letras mortas; que o que serve, o que vale, o que dá direito — é a aquisição da mulher!? Que quem se pega com uma, essa tem, e tudo o que lhe pertence! Sofra agora no isolamento, e na obscuridade! Seja solitário! Viva para Deus! Ou meta-se num convento, se quiser companhia. Não vá mais à reunião de outros homens.

O RAPAZ (*muito admirado*) — Esta mulher está doida! Casou comigo o ano passado, foram padrinhos Trico e Trica; e agora fala esta linguagem! Está; está! Não tem dúvida!

LINDO — Já lhe disse (*muito formalizado*) que fiz esta conquista! Agora o que quer?! Conquistei — é minha! Foi meu gosto: portanto, safe-se, senão o mato com este estoque! (*Pega em uma bengala e arranca um palmo de ferro*).

LINDA — Não precisa tanto, Lindo! Deixai-o cá comigo... Eu basto para nos deixar tranquilos!

O RAPAZ — O Sr. tem estoque, pois eu tenho punhal e revólver! (*Mete a mão na algibeira da calça, puxa e aponta um revólver*). Agora, de duas uma: ou Linda é minha, e triunfa o Direito, a Natureza, a Religião ou é tua, e vence a barbaria, a natureza em seu estado brutal, e a irreligião!

LINDA (*para o rapaz*) — Mas eu o não quero mais; já o mandei para o leilão três vezes! Já o vendi em particular quinze! Já o aluguei oito! E já o libertei, seguramente por dez vezes! Não quero nem vê-lo, quanto mais tê-lo!

(*O rapaz, gaguejando, querendo falar, e sem poder*)

LINDA — Até a voz de sabiá, lhe tiraram! Até o canto de gaturama, lhe roubaram! E ainda quer se meter comigo!

O RAPAZ (*fazendo trinta mil caretas para falar, e sem poder; ultimamente, desprende as seguintes palavras*) — Ah! Mulher! Mulher! Diabo! Diabo! (*Atira-se a ela, o revólver cai no chão; passa a derramar lágrimas, com os braços nos ombros dela, por espaço de cinco minutos*).

LINDO (*querendo levantar o revólver, que estava perto do pé do rapaz; este dá-lhe um couce na cara*) — Safa! Pensei que a mulher já o tinha matado com o abraço, metendo-lhe nas entranhas todo o veneno da mais venenosa cascavel; e ele ainda dá ares de vida, e de força, pregando-me na cara a estampa de seus finos pés! — Um morto que vive! Bem dizia certo médico que era capaz de conservar vivo um cavalo depois de morto, por espaço de oito meses, sempre a andar; e creio que até a rinchar! — Demo! (*Atirando com a bengala*). Não quero mais armas!

O RAPAZ e LINDA (*desprendem-se dos braços um do outro; desce então uma espécie de véu, de nuvens, sobre os dois. Lindo quer abrigar-se também, e não pode: chora; lamenta; pragueja. Levanta-se rapidamente a nuvem, torna a descer sobre os três; mas separando aquele. Ouve-se de repente uma grande trovoada; vêem-se relâmpagos; todos tremem, querem fugir, não podem. Gritam*) — Punição Divina! (*E caem prostrados de joelhos*).

ATO II
Cena I

(*Uma jovem vestida de negro com uma menina por diante. Atravessa um cavalheiro*)

A JOVEM (*para este*) — Senhor! Senhor! Por quem sois, dizei-me onde está o meu marido, ou meu esposo, o meu amigo! (*O cavalheiro embuçado numa capa desembuçando-se*). Esquecestes que ainda ontem aqui o assassinastes com os horrores de tuas crueldades!?

ELE — Mulher! tu me conheces! Sabes quem sou, ou não sabes? (*À parte*): Pérfida, cruel, ingrata! Vê seu marido diante de si, e apresenta-se a ele vestida de negro, luto que botou por sua morte.

ELA (*afastando-o com as mãos, como querendo fugir*) — Quem sois vós, ingrato, que assim me falais!?

ELE — Ainda perguntas. (*Sacudindo a cabeça*). Ainda respondes. Quem sou eu? Desconheces o Lindo, teu afetuoso consorte, e ainda perguntas?!

ELA — Tirano! Foge de minha presença! Desprezaste os meus conselhos, não quiseste ouvir-me, e queixas-te. Bárbaro! Cruel! Eu não te disse que te não fiasses de pessoa alguma! Por que te fiaste!?

ELE — E tu, Maga Circe: para que me iludiste! Para que me disseste que eras solteira, quando é certo eras casada com o mais belo rapaz!?

ELA— Eu... eu... não disse: mas você... não ignorava; bem sabia que eu era mulher de seu primo! Ignorava? Penso que não! Para que me botou fora! Para que me procurou?

ELE — Não sei onde estou, não sei onde me acho, não sei o que faça. Esta mulher (*atirando-se, como para agarrá-la*) é o demo em pessoa; é o ente mais admirável que eu tenho conhecido! É capaz de tudo! Já não digo de revolucionar uma província, de pôr em armas e mesmo de destruir um Império! Mas de revolucionar o mundo, de fazer, de converter os grãos em terras e as terras em águas; de, se tal tentasse, fazer do globo que habitamos — peteca!

ELA — É muito exagerado. Que atrevido conceito de mim forma! Que audácia! Nem ao menos quer ver que fala diante de uma filha de nove a dez anos!

ELE — Que fazeis por estas paragens, onde não vos é mais dado vir, porque já vos não pertencem?!

ELA (*com ar satírico e mordaz*) — Procuro-vos, cruel.

ELE — Sim: procuras-me para de novo cravar-me o punhal da traição! És bem má... és muito má!

A MENINA — Papai! (*Aproximando-se dele*). Que tem? Está doente? Me conte: o que lhe aconteceu? O que foi? Diga, papai, diga, diga! Eu o curo, se estiver doente. E se não estiver, a Mamãe há de curar!

ELE (*tomando a menina nos braços; abraçando-a e beijando-a*) — Minha querida filha! Quanto adoçam a minha existência tuas ternas e maravilhosas palavras! Quanto transformam os furores de meu coração, as doçuras de tuas meigas expressões. [*Para ambas*]: quanto apraz-me ver-vos! [*Para a menina*]: ah! Sim! Tu és o fruto de um amor... Sim, és! Tua mãe, sem que eu soubesse, depois se casou; procurou juntar-se a mim... iludia--me! Mas, querida filha, sinto uma dor neste peito. (*Desprendendo-se da filha*). Este coração parece traspassado de dor. Esta alma, repassada de amargura. Este corpo, um composto de martírios! Céus... (*Arrancando os cabelos*) eu tremo! Vacilo!

ELA — Célebre cousa! Quem havia de supor que este pobre homem havia de ficar no mais deplorável estado! Seu juízo é nenhum! Sua vista... não tem; é cego! Seus ouvidos, não têm tímpanos; já não são outra cousa mais que dois formidáveis buracos! Que hei de eu fazer dele!?

(*Entra o Rapaz armado, vestido de militar, e com a mão no punho da espada*)

O RAPAZ — Hoje decidiremos (*à parte*) quem é o marido desta mulher, embora esta filha fosse fabricada pelo meu rival. (*Desembainha a espada e pergunta para o rival):* A quem pertence esta mulher? A ti que a roubaste... que lhe deste esta filha? Ou a mim que depois com ela liguei-me pelo sangue; pelas Leis civis e eclesiásticas, ou de Deus e dos homens!? Fala! Responde! Ao contrário, varo-te com esta espada! Lindo — Ela quis; e como a vontade é livre, não podeis ter sobre ela mais direito algum!

O RAPAZ — Em tal caso... e se ela amanhã disser que não quer? E se o mesmo fizer no dia seguinte para com outro? Onde está a ordem, a estabilidade em tudo que pode convir às famílias e aos Estados!? Onde iríamos parar com tais doutrinas!? O que seria de nós? De todos!?

LINDO — Não sei. O que sei é que as vontades são livres; e que por isso cada qual faz o que quer!

O RAPAZ — Pois como as vontades são livres e cada qual faz o que quer; como não há leis, ordem, moral, religião! Eu também farei o que quero! E porque esta mulher não me pode pertencer enquanto tu existires — varo-te com esta espada! (*Atravessando-o com a espada; há aparência de sangue*). Jorra o teu sangue em borbotões. Exausto o corpo, exausta a vida! E com ela todas as tuas futuras pretensões e ambições! Morre (*gritando e arrancando a espada*), cruel! e a tua morte será um novo exemplo — para os Governos; e para todos os que ignoram que as espadas se cingem; que as bandas se atam; que os galões se pregam; não para calcar, mas para defender a honra, o brio, a dignidade, e o interesse das Famílias! A honra, o brio, a dignidade, a integridade Nacional!

(*Lindo cai sobre um cotovelo; a mulher cobre-se com um véu e fica como se estivesse morta; a menina olha admirada para tão triste espetáculo*)

O RAPAZ (*voltando-se para a mãe e a filha*) — De hoje em diante, Senhora, quer queiras, quer não, serás minha mulher, consorte, esposa! Tu, minha querida menina, continuarás a ser a mimosa dos meus olhos, a flor que aromatiza; a santa que me diviniza! Eis como Deus ajuda a quem trabalha! Depois de milhares de trabalhos, incômodos, perdas e perigos! Depois de centenas de furtos; roubos; e as mais negras atrocidades! Depois de uma infinidade de insultos; penas; crueldades; o que não pude vencer, ou fazer triunfar com a pena, razões, discursos, acabo de fazê-lo com a espada!

(*Estende esta; e assim deve terminar o Segundo Ato; e mesmo findar a comédia, que mais parece — Tragédia*)

Por: José Joaquim de Campos Leão — Qorpo-Santo
16 de maio de 1866

Já se vê pois que a mulher era casada, foi antes deflorada, depois roubada ao marido pelo deflorador, etc.; que passado algum tempo encontrou-se e juntou-se a este; que o marido sentou praça como oficial; e finalmente que para reaver sua legítima mulher, foi-lhe mister dar a morte física ao seu primeiro amigo, ou roubador.

São, portanto, as figuras que nela entram:

Lindo, roubador.

Linda, mulher roubada.

Rapaz ou Japegão, legítimo marido.

Manuelinha, filha.

I AM LIFE, DEATH I AM NOT

A comedy in two acts

CHARACTERS

Lindo[2]

Linda[3]

YOUNG MAN[4]

Manuelinha (Linda's daughter)[5]

ACT I
Lindo and Linda

LINDA (*singing*) — If you are not watchful, some dog one really fearful will rub you out; will crush you, no doubt!

LINDO — Life is where I belong; death is far from me! And thus lucky I should be; and thus I plod along!

LINDA — Still, pay attention! Everything is sheer dissimulation; don't believe in any flattery; mark this: it will bring you misery!

LINDO — Will my life lie somehow here a despised thing? Not mine, little wing — It shall soar toward the sky!

LINDA — My little Lindo, my sweet, trust no caressing one you meet wolves they are, believe me, and in them no blush you see!

LINDO — Just you know this, Linda, my dear: those who mistreat me killing themselves must be; darling, can you hear?

LINDA — My Lindo, you know how much I love you! How much I adore you! Yes, my beloved friend, who knows better than you do the love that in this mortal bosom, animated by this immor-

---

[2] Nota da tradutora: Lindo (or Gorgeous, in English; masculine noun)

[3] Nota da tradutora: Linda (or Lovely, in English; feminine noun)

[4] Nota da tradutora: Young man.

[5] Nota da tradutora: Little Manuela.

tal soul (*putting her hand in her forehead*) I devote to you? No one, surely. (*Taking his hand*). You always sweeten me with your words, with your affection, with your love, even though it is faked! Yes, my dear friend, you always warm me up with the scent of your words; with the fragrance of your expressions! Yes, my love, remember I have been a boat always hit by storms, which for five or six times has nearly capsized; however, thanks to Divine Providence it still sails the rough seas of life!

LINDO — Oh my adored jewel! You, who are the offering the Creator made to me in days of the most beautiful love, what do you ask of me? How much do you ask of this one that loves you so; asking more of me than of your own bed?

LINDA — Ha! Ha! Ha! My darling; how much you have given me! How happy you have made me with the wonderful expressions of your lungs — wrappings of hearts!

LINDO — I hold this in high regard. And I didn't know that you had the gift of guessing that every time I touch my chest, I feel it beating — beating from both sides; that is, from the left and from the right, which surely tells me that in this narrow void I harbor two enormous hearts!

LINDA — Ha! Ha! Ha! (*to herself*): Haven't I said that this creature was sent to me by a damned dog? You want to make me believe you have two hearts. (*To him*): My dear little fellow, you are yet unaware of something. Would you like to know? I'll tell you, right? Please don't answer me!

LINDO — What is it? What is it, then?

LINDA — Why, whatever it shall! It is that you have two hearts inside your chest, and I have two heads besides my large breasts.

LINDO — You are the devil! You're intractable! Your bowels are never satisfied, no matter how much you gulp down. You are a kettle that can't whistle. You are... something I wouldn't say, because I don't want it to be known.

LINDA — Well, since you make such sublime comparisons, I will also offer you one that will delight you. You know which one is, don't you? Well, I'll tell you: you are the devil incarnate! Yes, you are... you are... (*agitating her hands and walking to and fro in the room*). Yes, you are...you are! And then, what more do you want? I want more beautiful comparisons — finer, more delicate and loftier comparisons; otherwise, we shall become sworn enemies. Have I made myself clear, my Little Sultan? If you didn't get it, then do you best to do it!

LINDO — Well, I'll make the most delicate comparisons that my fertile and ever-increasing — and sometimes even demented — imagination can conjure up! Here is one: You are a pear that cannot be eaten!

LINDA — This one is no good!

LINDO (*to himself, striking his own forehead*) — It is necessary to yank some comparison out of this head of mine — even if it is with an iron hook — a comparison that may please this woman; otherwise she may be capable of...

LINDA — And don't take too long with your ruminations! I want comedy.

LINDO — What? Comedy? There's no comedy! What I committed myself to doing was to make a beautiful comparison, not a comedy. Therefore, just wait a bit (*striking his head again, this time hitting more properly his skull; to himself*). Since it won't come from my forehead, let's see if I can get it from my skull! Oh! Yes; now I can see one; and how wonderful it is! How interesting! How nice! How intricate; How beautiful! How exquisite! How delicate! — That's the comparison I offer you, my dear Lady, Madame Linda. As beautiful as only she can be! As fair as the most delicate flower! As rich as a gushing spout! As fine as unknown fortune! As... as... as...Would you like more? Would you like still better ones? No; I won't give you anymore; I don't want to! (*Running around her*); No, I won't; I don't want to; I won't do it; I don't want to; I can't — I've already told you. (*Repeats twice the latter negative sentence*).

LINDA — This young man is the devil in person! He can dance, jump, hop, play... and he does all sorts of mischief! Yes, if he isn't the devil himself, there are moments in which he seems to be the devil; anyway, I wonder what's on his mind!? (*Standing up with one hand touching his face, Lindo meditates*). He keeps thinking for whole hours, but says nothing! He talks as a chatterbox and means nothing! He eats like a hole digger and doesn't get any work completed! Anyway, he is the most extraordinary being I have ever set my eyes upon, my hands have ever touched, my heart has ever loved!

LINDO — My mistress, I'm going away (*turning quickly his back to her, looking very sad and outraged*): Yes, yes, I am! I don't want to see you any longer; I am not yours any longer.

LINDA (*with emotion*): Cruel! Tyrant! Rascal! Ugly beast! Bad boy! Where are you getting at? Why don't you get married, even if it is to a black kitchen maid?

LINDO — Requiting you: cruel! Ungrateful! Evil thing! Ugly creature! Why don't you live with someone, even if he is a black servile type?

(*Enters a young man — YOUNG MAN — peculiarly all dressed up, wearing glasses and holding a cane*)

YOUNG MAN (*addressing firstly one and then the other*) — Hail madams, more than anyone else!

LINDO (*accosting the man, and pushing him aside*) — What are you here for? Don't you know this is my wife?

YOUNG MAN — I am sorry; I had no idea! (*Turning to Linda*): But Mrs. — it would seem that...

LINDA — What else? Haven't you heard him say that I am his wife? What else do you want now? You'd better stay single and marry a hoe! You don't want to believe that there is no law; that nobody minds stained papers; that these are dead letters; that what has really any function, what is worth anything, what gives you a right — is the possession of a woman? That if a man finds himself in possession of one, he owns her and everything that belongs to her! May you suffer in isolation and obscurity! May you be lonely! May you serve God! Or shut yourself into a convent — should you want any company. Don't attend other men's meetings.

YOUNG MAN (*astonished*) — This woman is insane! She got married to me last year, Trico was my best man, along with Trica; and now she talks such nonsense! Yes, she is deranged! She is! For sure!

LINDO (*in a very formal tone*) — I've already told you that this is my conquest! What do you want now? I've conquered her — she is mine! She was to my liking; therefore, get out; otherwise, I'll kill you with this rapier! (*Grabs a cane and a piece of iron*).

LINDA — Don't go overboard, Lindo! Leave this to me... I can keep all of us calm!

YOUNG MAN — Sir, you have a rapier; I have a dagger and a gun! (*Puts his hand inside his pockets and draws out a gun*). Now, one of the two: either Linda is mine, and Law, Nature, and Religion shall triumph, or she is yours, and barbarity, nature in its most savage state and impiousness shall prevail.

LINDA (*to the young man*) — I don't want you anymore; I've already put you up for auction three times! I've already sold you in private sales fifteen times! I've already rented you out eight times! And I've already set you free, surely, ten times! I can't bear the sight of you, let alone having you!

(*The young man, stutters, tries to speak, but without any success*)

LINDA — Even the thrush-like voice was taken from you! You've been even robbed of your mellow bird-like voice! And you still want to have something to do with me!

YOUNG MAN (*making a thousand grimaces to speak; in vain; eventually, he manages to utter some words*) — Oh, woman! Oh, woman! You're the devil! The devil! (*Throws himself against her, his gun falls to the floor; with his arms around her shoulders, he weeps for five minutes*).

LINDO (*attempting to pick the gun, which was by the young man's foot; the young man kicks Lindo in the face*) — Rascal! I thought the woman had already killed him with a hug, putting into your guts all the poison of the most venomous rattlesnake; and yet he seems to be breathing, and showing signs of strength by stamping on my face the print of his fine feet! — A living dead! There was a doctor who said he could keep a dead horse alive, trotting and even neighing — so I believe — for eight months! You're a devil! (*Throwing the cane at him*). I don't want any more weapons!

YOUNG MAN and LINDA (*letting go of each other's arms; then a sort of veil, a cloud descends upon them. Lindo wants to take shelter as well, but he can't; he weeps, whimpers and swears. The cloud lifts swiftly, descending again over the three of them; but isolating Lindo. Suddenly, a loud thunder is heard; lightnings can be seen; they all shiver, trying to run away, but in vain; they shout*) — God's Punishment! (*And they fall prostrated on their knees*).

ACT II
Scene I

(*A young woman dressed in black with a girl ahead of her. She crosses the path of a gentleman*)

YOUNG WOMAN (*to the gentleman*) — Sir! Sir! Whoever you are, please, tell me where my husband is, or my spouse, or my friend! (*The gentleman removes the cloak he was wearing as a disguise*). Have you forgotten that still yesterday you killed him with the horrors of your cruelty!?

YOUNG MAN — Oh, woman! You know who I am, don't you? (*To himself*). Oh, how perfidious, cruel, ungrateful she is! She sees her husband in front of her and still presents herself dressed in black, in mourning for his death.

SHE (*pushing him away with her hands as if trying to escape*) — Who do you think you are by speaking so rudely to me like that!?

HE — You still are asking (*shaking his head*). And you still answer. Who am I? You do not know Lindo, your affectionate spouse, and you still ask?

SHE — Tyrant! Get out of my sight! You disdained my advice, you refused to listen to me, and now you are complaining about it all! You are a barbarian, a cruel creature! Haven't I told you not to trust anyone! Why did you do it?

HE — And you, Circe, you Sorceress, why have you deceived me? Why did you tell me you were single, when it is obvious you are married to this very handsome fine young man!?

SHE — I... I... haven't told you, but you... you did know it; you knew too well I was the wife of your cousin! Didn't you know it? I think you did! Why did you kick me out? Why did you come after me?

HE — I don't know where I stand, I don't know where I am, I don't know what to do. This woman (*throwing himself at her, as if to grab her*) is the devil incarnate; she is the most extraordinary creature I have ever met! She is capable of anything! I don't mean staging a revolution in a village, getting up in arms and destroying an empire; I mean revolutionizing the world, acting, converting grains into lands and lands into water — and if she tried — turning the world we inhabit into... a shuttlecock!

SHE — You're stretching the point! What an impudent opinion you have of me! What a nerve! You can't even notice you are talking before a daughter of nine to ten years old!

HE — What are you doing hereabouts? This is no longer your place, for it does not belong to you anymore!

LINDA (*with a satirical and caustic demeanor*) — I am after you, Mr. Cruel.

HE — Yes, you're after me to impale me again with the dagger of betrayal! You are really evil... you are hopelessly evil!

LITTLE MANUELA — Daddy! (*approaching him*). What is the matter with you? Are you ill? Tell me: what's the matter with you? What is it? Tell me, Daddy. Please, tell me, tell me! I'll make you feel better, if you are ill. And if you are not, Mommy will tend to you!

HE (*taking the girl in his arms; hugging and kissing her*) — My dear daughter! How deeply your tender and wonderful words sweeten my existence! How deeply they abate the fury of my heart! How sweet you are! (*To both of them*): How happy I am to see both of you! (*To the girl*): Oh! Yes! You are the fruit of love... Indeed, you are! Your mother, without my knowing it, got married afterwards; then she tried to join me...only to deceive me! But, dear daughter, my chest is in pain. (*Breaking loose from his daughter*). My heart is pierced with pain. My soul is filled with bitterness. My body is a mixture of ordeals! Great heavens! (*Pulling his hair out*). I shiver! I falter!

SHE — Oh, such an august thing! Who would ever imagine suppose this wretched man would be in the most deplorable state! He shows no discernment at all! He has no sight; he's blind to the world! His ears? He has no eardrums; they are nothing but two formidable holes! What can I do with him?

(*Enters the young man armed, dressed in military clothes and holding a sword*)

YOUNG MAN (*to himself*) — We will decide today who is the husband of this woman, although this daughter was begotten by my rival. (*The young man draws his sword and addresses his rival*). Who does this woman belong to? To you who has taken her...and given her this child, or to me afterwards when I bonded myself with her by blood, by the civil and ecclesiastical laws, or the laws of God and of men!? Say something! Otherwise, I'll stick you with this sword!

LINDO — It was her wish; and since one will be free, you no longer have any right over her!

YOUNG MAN — In that case... what if tomorrow she says she doesn't want it anymore? What if she does the same the following day to another man? Where is the order, the stability in everything that might matter to families and to the State!? Where would we end up with such doctrines!? What would become of us? All of us!?

LINDO — I do not know. What I do know is that one's will is free, and so one is free to do whatever one wants to.

YOUNG MAN — Since there is free will and each of us can do whatever we want, for there are no laws, no order, no morals, no religion... so I too will do as I wish! And since this woman can no longer belong to me while you live... I am going to stab you with this sword (*stabbing him; apparently some blood surfaces*). May your blood gush out! A drained body is a drained life! And with it may all your future ambitions and intentions be gone! Be no more! (*shouting and yanking the sword*), you cruel thing! Your death shall set a new example — to the government and to all who fail to understand that swords are girded; that ribbons are tied; stripes are fastened — not to trample upon, but to defend honor, pride, dignity, and families' interests! Honor, pride, dignity, national integrity!

(*Lindo collapses over an elbow; the woman covers herself with a veil and lies still as if she were dead; the girl looks startled at such a sad scene*)

YOUNG MAN (*turning towards mother and daughter*) — Henceforth, Ma'am, whether you like it or not, you shall be my wife, my partner, my spouse! You, dear girl, shall keep on being the mimosa of my eyes, my fragrant flower, the saint who makes me divine! That's how God helps the ones that toil — after a thousand chores, nuisances, losses and dangers! After hundreds of thefts, robberies — most infamous atrocities! After countless insults, punishments, cruelties! What I was unable to defeat, or triumph over with punishment, reasoning, speeches, I have just accomplished with the sword!

(*Thus, the second act must draw to a close; and this is the end of the comedy — which looks like a tragedy rather than a comedy*)

By: José Joaquim de Campos Leão — Qorpo-Santo
16th of May, 1866

Thus, it can be seen that the woman was married; that she was deflowered before getting married; then she was taken from her husband by the man who had deflowered her; that after some time she found him and joined him again; that her husband enlisted in the military as an officer; and that, at last, to get his wife — his lawful wife — back, it was absolutely essential to put his former friend — or robber — to physical death.

These are, therefore, the characters performing this play:

Lindo, the man who took the woman from her lawful husband.

Linda, the woman who is taken from her husband.

Young man, the lawful husband.

Little Manuela, the daughter.

O MARINHEIRO ESCRITOR

Uma comédia em 2 atos e 5 quadros

PERSONAGENS

Rapivalho
Malhada
Quinquinata
Mário
Manuel
Joanicota, mulher de Mário
Uma Vizinha
Isolino
Enciclopédio
Diamante, menina de 5 anos
Formosíssima, menina de 4 anos
Sapientíssima
Capivara, mulher de Enciclopédio
Miguelítico
Marquinfálico
Findinga, criada. Mitra
Lamúria
Lávio
Tito
Celso
Leão
Secretário da Presidência
Inspetor da Tesouraria
Chefe de Polícia
Presidente da Província
Alcaide
Juiz
Escrivão

ATO I
Cena I

RAPIVALHO (*refletindo*) — Preciso bem comprar uma carteira; não tenho tomado certos apontamentos, cujos agora estou esquecido, e isto não convém por certo a um escritor da minha altura! Mas deixem estar (passeando) que não me hei de esquecer: logo que venda as minhas abóboras e batatas, e que a minha Joanitiquitoca arranje alguns cobres com as suas quitanditinhas eu hei de comprar para tomar notas de todos os fatos mais importantes que ocorrem e eu sei, vejo ou adivinho. Deixa estar; não me hei de esquecer! Tenho uma memória de Anjo, uma reminiscência tal, que talvez não haja igual. Prometo e pretendo cumprir o que acabo de expor; de afirmar; assegurar; etc. etc. e etc.

MALHADA (*na porta dos fundos*) — Se o Sr. não escritasse ah! não o enrolavam!

RAP. — Sempre as Sras. (*Virando o rosto para os fundos*) parece que pensam que eu sou, massas! Enroladas ficarão as Sras., e quantos pretenderem enrolar-me. Hei-de fazer de cada um — um rolo, ou rola, ou rala! ouviu, minha Sra.?

QUINQUINATA (*entrando*) — Viva, Sr. Dr.!

RAP. — Sra., já lhe disse mais de trinta mil vezes que eu não me chama Dr.; mas sim Rapivalho... ouviu, minha Sra.?

Q. — Venho tomar-lhe contas; e foi ironicamente que lhe dei tão honroso título. O Sr. já se esqueceu de que é meu Hortelão? e que fugiu levando dois meses adiantados de seus salários!?

RAP. (*pondo as mãos na cabeça*) — Meu Deus! estou perdido! Estas mulheres me matam! Eu queria ver se passava por escritor... e elas rasgaram-me o capote desde a gola até a barra! Estou, estou perdidíssimo. (*Para elas*): Sras.! vão-se embora! Saiam daqui; desapareçam da minha presença! As Sras. mentem; e com suas mentiras me prejudicam. Eu nunca as vi — que mulheres impertinentes!

Q. (*para Malhada*) — Olhem, olhem que impostor! Que figura! e que peça, mana, é o tal sujeito — querendo fazer-se desconhecido de nós?! Ah! ah! ah!

RAP. (*caminhando e movendo-se qual marinheiro; à parte*) — E que tal estas mulheres? Querem me crucificar como a um Santo!

M. — Olha, mana; ele quer ficar louco. Tu vês? Parece um marinheiro bêbado! Ora, ora, coitado. Vamos dar-lhe um cristel?

Q. — Vamos; saiamos! (*Entram rapidamente num quarto e voltam com uma seringa; metem-lhe no nariz. Ele faz mil trejeitos e caretas*).

M. — Tome este cheiro, Sr. Rapivalho, que é de lã queimada, como se costuma aplicar aos cavalos arreganhados! Talvez sare.

RAP. — Cachorras! Tratarem-me de cavalo! Hei-de pô-las em tronco de laço como se faz com os bois para amansar. (*Apontando para elas e falando para a platéia*) — Que lhes pare- cem as sujeitinhas!? São bem amáveis! Hão de ser recompensadas.

MÁRIO (*Entrando*) — Que é isto?! Que fazem aqui as Senhoras e o Senhor!?

ELAS — O Sr. é bem atrevido! Que se importa (*com indiferença e desprezo*) com o que nós fazemos!? Somos suas criadas? Seria melhor que fosse ouvir missa! É bem audaz!

MÁRIO (*também com indiferença e desprezo*) — Quem são as Sras. para expressarem-se deste modo? O que são? o que foram? o que hão de ser? Estas mulheres não têm juízo: precisam bem de uma ajuda de sal e pimenta!

MALHADA — Fujamos, Mana; fujamos deste extravagante! Este homem é a oitava maravilha do mundo ou do inferno, em audácia (*trançam os braços e saem*).

RAP. (*como um bêbado*) — Estou fatigadíssimo! Doente e não sei que mais. Estou (*fazendo muitas caretas e esfregando as pernas*) atacado de reumatismo, e... estas Sras., estas mulheres me puseram... sim, puseram-me ainda pior. São piores que cobras! Envenenaram-me com suas palavras, com seu olhar e com sua voz... Estou como se tivesse tomado um copo de cicuta. Talvez que Sócrates, ao tomar o seu, não ficasse qual eu me acho neste momento! (*Vai desfalecendo e cai*).

MANUEL (*entrando pé ante pé*) — Um morto... um defunto... Quem será, coitado! Está caído... está... pobrezinho... que infeliz! Como o veneno daquelas duas cobras cascavéis o puseram! Suas faces estão negras! Seus olhos gotejam sangue, sua boca espuma! (*Olhando para as pernas*) e ainda mais com as pernas inchadas!

(*O "defunto" indo pouco a pouco se levantando e de repente, dando dois saltos, põe-se em pé*): Pensavas que eu tinha morrido, não!? Ainda estou vivo! (*Dá dois saltos, ameaça a Manuel com os dedos e cai assentado*).

MÁRIO (*ao levantar-se o defunto, espanta-se, quer correr, não pode; treme e fica com os olhos arregalados, curvado e cheio de espanto, olhando para o defunto vivo, por mais de cinco minutos).*

JOANICOTA (*mulher de Mário, entrando*) — Oh! Ai! (*Também cai desfalecida e desce o pano. Ouve-se um grande barulho no cenário, gritos, vozerias, barulho no soalho, por mais de cinco minutos; ergue-se repentinamente este e aparecem algumas figuras de homens e mulheres*).

RAP. (*para Mário*) — Acabei, amigo, [de voltar] do mais profundo sono ou sonho. Estive ou pensei estar morto por mais de um quarto de hora. Vi-me nesses mundos em que só habitam Deuses! Vi-me nesses lagos em que só se banham Ninfas; nesses Céus em que só se sentem gozos!

MANUEL — A mim (*batendo-lhe no ombro*) sucedeu o mesmo: vi-me também nesses mundos em que só habitam feras, nesses lagos em que só vivem demônios, e nesses infernos em que só se sentem dores!

JOAN. — Eu que pensava também ter morrido, agora reconheço que estava em vida, morta; e que depois de tal morte, me acho agora viva! (*dança, toca castanholas e canta*) estou tão bonitinha por dentro e por fora — como uma anjinha. (*Para os indivíduos*): Que dizem os Senhores!? Acham ou não acham!? (*Pára e cruza os braços*).

UMA VIZINHA (*entrando e fazendo grandes cortesias, abrindo os vestidos e dando passos, ora pra trás, ora para os lados, saltos, pulinhos etc.*) — Bravos! bravos! bravíssimo! Minha querida amiga, não a julgava tão adiantada! Olhe, eu (*dançando também*) sei também alguma cousa! Não? Agrada-lhe? Acha bem-feita esta piruleta? Já vês que não perdi o tempo!

JOAN. — Pois não! A Sra. é a rainha das dançarinas. É a nomprozulta dos bailes! É o encanto dos moços e muitas vezes até o entretenimento dos velhos! (*Pegando as mãos da outra*). Dancemos juntas, minha bela amiga! Dancemos! Dancemos! (*Dão alguns saltos e sentam-se*).

MÁRIO — Estou muito rico; muito feliz. Tenho uma mulher que para sustentar-me, e toda a nossa família, bastava apresentar-se em público e dançar! Diga-me, minha Sra., V. Sa. deixou hoje os seus meninos entregues a seu marido para fazer este passeio!?

VIZINHA — Essa pergunta não tem resposta! Pois eu havia de deixar meus filhos entregues a meu marido!?

MÁRIO — Pois a Sra. admira-se? (*À parte*). É porque lhe dei Senhoria... há tantas que confessam fazerem isso... quando querem ir aos bailes, ao teatro, aos passeios públicos, e onde mais lhes apraz, deixam em casa os maridos, quais ótimos criados, e safam-se!

VIZ. — Mas eu não sou dessas!

MÁRIO — Mas não deve fazer tão grande admiração. Como é a sua graça, minha Sra.?

VIZ. — Chamo-me... para que o Sr. quer saber?

MÁRIO — Para me entreter, Digníssima!

VIZ. — Pois fique sabendo que eu não posso servir-lhe de entretimento! (*Levanta-se, apertando a mão da amiga, abraçando-a e beijando-a*). Adeus, minha cara amiga; até logo; eu não posso aturar mais seu marido!

JOAN. — Pois já vai? Espere; não vá ainda; olhe!

MÁRIO — Tu sabes, ou queres saber de uma cousa? — É de julgar que não. Eu digo-te — é que as mulheres todas... concebi este pensamento... são minhas filhas!

JOAN. — Tens lembranças, meu caro Nestor, que parecem esquecimentos da minha trisavó!

M. — És muito graciosa, nem por isso... e se eu fosse Padre, que dúvida haveria?!

JOAN. — Nenhuma; mas também só nesse caso.

M. — Pois fique sabendo que hoje sou, e não (*com aspecto de convicção*) e não um simples Padre; mas um Padre Universal!

JOAN. — Se continuas com esses pensamentos, mando-te (*rindo*) pôr na Caridade!

M. — És muito ignorante! Pois não sabes que Deus faz hoje de um sapateiro um taberneiro; de um alfaiate um carpinteiro!? de um tambor um grão Doutor!?

JOAN. — Bem digo eu que o Sr. está enfermo!

M. — E eu cada vez mais me convenço (*levantando-se muito brabo*) que a Sra. é uma ignorantaça! Irra! a Sra. D. Joanicota! a Sra. quer queira, quer não queira há de ouvir-me, ao contrário hei de mostrar-lhe que isto (*pegando na calça*) é calça e não vestido!

JOAN. — Não sei o Sr. o que me parece (*aproximando-se*). Venha um abraço, um beijo (*abraça e beija*). Ah! que doce é a face de meu velho! Que macio é o seu corpinho... (*à parte*). Ou as roupas, pois o corpo é pior que lixa. Agora ficamos bem, não é assim!? Ficamos, ficamos...

M. — Tu (*pegando-a*) és forte e serás sempre o encanto da minha imaginação, o prazer de meus dias: a minha vida, finalmente. Vem, queridinha; vem a meus braços. (*Abraça-a, beija-lhe, enfia-lhe o braço e passeia*).

VIZ. (*voltando, muito alegre*) — Boa tarde, comadre, como tem passado? E o nosso companheiro, não, o meu compadre Mário?

JOAN. (*voltando-se*) — Perfeitamente. Minha cara amiga, temos passado o melhor que é possível.

VIZ. — Assim parece! Até os acho mais gordinhos. Não é isso, compadre?

M. (*furioso, largando o braço da mulher [e] investindo como um touro para a vizinha*) — Já vem, já vem me incomodar? Ora não faltava mais nada! E até acha-nos gordos. (*Com espanto*). Que tal a nossa vizinha? Mas o que ainda a torna mais célebre é tratar-me, não tendo ela filho algum, nem parido este ano (*a barriga deve representar prenhez de nove meses*), de compadre!

VIZ. (*aninhando-lhe a barriga e pegando-lhe no braço*) — Peço-lhe que não se zangue comigo, meu compadre; o Sr. quer negar que foi comigo padrinho da criança da minha Calvintina?

M. — Bem digo eu (*virando-se para um lado*). Qual Calvintina, Sra.? Está fora de si (*à parte*). Está no inferno esta mulher (*fazendo milhares de trejeitos*) e comeu com algum demônio... por isso é que é a segunda vez que me dói, como o Adolfo boticário — sementes em almofariz! Mas eu hei de fazer-lhe pior.

VIZ. (*continuando apalpando a barriga*) — Meu compadre, ou meu amigo, se não quiser ser compadre, como também sou parteira, além de costureira, aviso-o que é necessário prevenir-se de enxoval, de óleo e do mais que se costuma usar em tais ocasiões para o seu bom sucesso! Não pode tardar. Não lhe dou quinze dias (tornando a apalpar). Está a parir! Pode ser que nestes três dias tenhamos gente nova; e é homem!

M. (*empurrando-a*) — Sai-te daqui feiticeira! Este diabo (*dando algumas voltas, com os braços no ar*) é capaz de me fazer enlouquecer! Tem a audácia de dizer que estou prenho! (*À parte*). Mas, quem sabe? (*Em voz um tanto sumida*) quem sabe se é verdade! Eu, porém, não me lembro. Eu sei; (*mexendo nas calças*) parece, mas quem sabe! É certo de que há oito ou nove meses seguramente que a Sra. (*apontando para a mulher*) D. Joaniquitoca me disse que estava desconfiada de que eu estava pejado! mas é de crer que se enganasse. (*Batem à porta*).

JOAN. — Quem bate?

ISOLINO — Eu, minha cara Sra.

JOAN. — Queria alguma cousa?

ISOLINO — Tudo, minha Sra.! Primeiramente (*depois de sentar-se*), o amor intrínseco de V. Exa.; depois, o contrato de casamento para ser celebrado na igreja mais próxima desta cidade; terceiro, que me convenço profundamente de que me guardará eterna fidelidade! Quarto, que jamais dar-me-á a menor ocasião de desgosto! Quinto, finalmente, condição imprescindível, que jamais V. Exa. dormirá em outra cama que não seja a em que eu dormir; por ser o fato contrário, o que as mais das vezes concorre para a separação em certas ocasiões e tempos, em outras torna-se eterna ou quase eterna dos malcasados corações! Se, pois, agradam a V. Exa. como a mim estas condições — estes três dias seremos esposos, maridos, consortes, amigos, e tudo o mais que pode concorrer para que nossos corpos fiquem eternamente ligados, como se veem no firmamento as fulgurantes e belíssimas estrelas!

JOAN. (*espantada*) — Que é isto, Sr.!? Não sabe que sou casada aqui com o Sr. Mário!?

ISOLINO — Ah! V. Exa. é casada aqui com o Sr. Mário!? Eu não sabia, supus que era solteira viúva... Com quem está, é casada! E quando quer outro marido? Não está aborrecida, já, aqui do Sr. Mário?

JOAN. — Não o julgava tão ousado, Sr.! Nem sei como me não conhecendo teve a audácia de entrar nesta casa! (*Para Mário*): E tu toleras, marido, que este audaz te insulte!?

M. — Eu não sei o que ele diz, mulher! parece-me até estar ébrio, se é que não é louco!

IS. (*à parte*) — Ébrio; ébrio de amor também é ser louco!

M. (*para Joan.*) — Pois tu não conheces este homem? Não te lembras que foi o teu primeiro namorado?!

JOAN. — Nem pela imaginação me passava!

IS. — Estava enganado! Peço-lhe perdão; pensei que morava aqui a Sra. com quem sonho há três dias; com quem vivo em pé, deitado, sentado etc. etc. etc.; mas já vejo que não é V. Exa.; e por isso retiro-me. (*Pega o chapéu para sair; apareceu-lhe a Vizinha; encontram-se; ficam estupefatos em frente um do outro. Atirando-lhe os braços e recebendo dela igual atenção*) minha querida! minha amiga!

VIZINHA — Meu anjo! Meu Deus! Encontramo-nos depois de tanto tempo de ausência!

IS. (*pegando-a pela mão*) — É verdade, minha querida, assim é! Assim foi! Viveremos, porém, agora eternamente um para o outro.

Dão todos as mãos e cantam:

São logrados, são roubados
Os que não têm paciência;
Sofrem sempre n'algibeira
E inda mais se têm ciência!
Miles de trabalhos passam
Os que não têm paciência;
São roubados, são logrados
Por sua louca impertinência!

ATO II
Cena I

ENCICLOPÉDIO (*passeando, algum tanto apressadamente, e proferindo as seguintes palavras*) — Quando terá esta cabeça um pensamento firme e invariável!? Por que razão hei de eu sair com a mais firme resolução agora, e passados alguns minutos tomar uma resolução contrária!?

DIAMANTE (*menina de cinco anos — entrando*) — Papai, o jantar está na mesa.

ENC. — Não, minha filha, não quero; diz à tua Mãe que jante e que dê de jantar a vocês. (*Entra outra*).

FORMOSÍSSIMA (*menina de quatro anos*) — Vamos, papai (*batendo-lhe na perna*), vamos; depois esfria, e o papai não pode comer; faz-lhe mal.

ENC. — Não, meninas; não tenho vontade. Vão vocês jantar!

SAPIENTÍSSIMA (*menina de três anos, encostando as mãos nos portais de uma porta, balançando um pé e sorrindo-se*) — Então, Formosíssima, o Papai não vem? Então vamos comer tudo!

FORMOSÍSSIMA (*muito aflita*) — Venha, papai; venha!

DIAMANTE — Está bom. (*Pegando a mão de formosíssima e falando apressadamente e com desenvoltura*). Está bom. Formosíssima, o papai não quer vir, vamo-nos embora, vamos dizer à Mamãe que ele não quer. Vamos, vamos (*para Sapientíssima*), vamos, Sapientíssima: o papai não quer.

FORMOSÍSSIMA (*para as irmãs*) — Melhor para nós; ele não quer; agora vamos comer tudo.

SAP. — Então ele pois não quer mesmo!? (*Voltando-se*). Está bom; então (*muito desconsolada*) vamos. (*Saem*).

CAPIVARA (*mulher de Enciclopédio, aproximando-se à porta e fazendo o mesmo que a filha menor, isto é — tocando as mãos nos portais*) — Enciclopédio, o jantar está na mesa; vem! (*Enciclopédio fica em silêncio*).

CAP. — Vem ou não vem? Está bom; não responde; ainda não perdeu o costume antigo! (*Sai*).

MIGUELÍTICO (*entrando, para Enciclopédio*) — Amigo, como passa?

ENC. — Bem; e o Sr. como vai?

MIG. — Ora como hei de ir... ora a chorar, ora a rir!

ENC. — Não o entendo.

MIG. — Eu me explico. Como sabe, sou viúvo de fato.

ENC. — Isso é cousa que ninguém ignora; e por que não se casa?

MIG. — Tenho procurado um cento de mulheres; outro de empregos, outro... de moedas! outro de... de...

ENC. — Ah! já sei: És em extremo acanhado; e por isso não achaste ainda uma que te agradasse; é certo de que há milhares que te querem e talvez inúmeras que desejam desposar-te.

ENC. — Não sei o que é: ora me alegro, ora me entristeço, ora sou filósofo, ora me fazem padre! ora me torno bom, ora me sinto mau! É o diabo isto; é! é!

ENC. — Não te entendo. Dizes que queres isto; apresento-te isto, e não te serves disto. Dizes que queres aquilo; dão-te aquilo, e não te gozas daquilo. Dizes que queres aqueloutro; me tem-te nas mãos e não recebes aqueloutro. És o diabo. És um homem incompreensível ou a volubilidade em ação.

MIG. — Ora, eu te conto o que ainda hoje me sucedeu, Saí de casa na firme resolução de ir tratar casamento com certa moça... já viúva; e, segundo me consta, com alguma fortuna; subo as escadas, bato palmas, ouço falar; e em vez de entrar pelas portas abertas, como de propósito à minha espera —

demoro-me alguns minutos, e concebo o pensamento... isto é, um ar, ar...se infiltrou na minha cabeça que me fez resolver — não entrar. E que te parece, amigo!? Refleti bem; é este o quadragésimo fato idêntico que me sucede, quando trato tal negócio! De modo que... (*com raiva*) hei de casar-me! Hei de casar-me!

ENC. — Não sei o que te responda. Talvez fosse melhor te esqueceres disso, visto que ainda tens mulher viva e filhos... segundo me disseste.

MIG. — Sim, mas que de nada me servem pela distância em que se acham; e mesmo porque perto, em vez de servir-me — só têm tratado de destruir-me. Mas continuemos. Faço em casa milhares de projetos, converso espiritualmente (*somente em minha imaginação*) com todas as mulheres de que gosto e que me podem servir de esposas e também com alguns homens; espero-as, saio, busco-as... e nada ou cousa alguma hei realizado! As convicções as mais profundas de ser bem aceito que se abrigam em meu coração em casa, desaparecem as mais das vezes, ora vendo, ora ouvindo a quem procuro! É extraordinário; é cousa tão rara como a descida de uma estrela sobre a Terra! Entretanto, não pouco e quase sempre isto me incomoda. Não sei como se abre esta minha cabeça, que está sempre pronta a tudo receber... Quisera vê-la fechada com um só pensamento, firme em uma só resolução, e não me tem sido possível. Ora a causa é moral, ora a razão é física. Quanto à segunda, porém, parece-me fraca, pois o que não se pode fazer hoje, faz-se amanhã; e quantas vezes com superioríssimas vantagens!

ENC. — Basta, amigo! Já sei; hás de conseguir tudo o que desejas; não te aflijas que é pior; não te incomodes, ouves? Tudo se há-de arranjar. Hás de viver muito contente e satisfeito. Por que não tens tu feito como certas notabilidades que conheço!?

MIG. — O que têm feito elas? Pergunto.

ENC. — Ora o que têm feito! Não sabes: entram em uma casa de mulheres, vão tirando a sobrecasaca, pondo-se à fresca, e dizendo: Hoje as Sras. são minhas. Aqui passarei, comerei, beberei, dormirei o tempo que me aprouver... e elas, com muito prazer os recebem, tratam, dormem, comem, bebem etc. etc. Vai tu fazendo o mesmo; e verás como passas bem! (*Falando e tirando a sobrecasaca e o colete*).

ENC. — És tolo! Não conheces as mulheres; nem te lembras que há seis ou sete para cada homem! Tu não sentes desejo e necessidade delas? Sentes. Pois o mesmo acontece para com elas. E há algumas que o sentem ainda com maior força que todos os homens reunidos, entendes? Compreendes agora, não? Pois toma a lição e põe em prática o meu conselho, que é velho e experimentado.

MIG. — Tudo vejo e tudo conheço; mas acontece o que eu já te referi: eu não te escureço.

ENC. — Tens razão. Nenhum homem pode ter circunspecção, sem sua família, sem ter família, sem ao menos ter uma verdadeira amiga; sempre anda buscando, sempre anda variando, de desejos mudando. Ora é traído por esta, ora por aquela; ora tem de baixar de certa dignidade, ora é a sua cabeça um mundo de variedades. Fui há dias entreter-me com uma; sabes o que me aconteceu? Quando eu lhe rendia as maiores finezas… fez-me assim (*dá uma bofetada — puje*) e eu com a cara a arder, (*fazendo trejeitos*) — fui saindo, pedindo-lhe milhares de desculpas e agradecendo-lhe o bom tratamento que me havia feito a honra de dar! Sabes o que me aconteceu com outra? Depois de me haver dito que sim, que estava às minhas ordens, que era minha criada etc. etc., manda, sem eu saber, chamar soldados de polícia e, e… por muito favor, não me fez ir à cadeia. Queres ouvir o que se passou com outra? Quantos mais benefícios lhe fazia, mais malefícios eu dela sofria; e porque tornei a fazê-los, fez-me passar vinte e quatro horas em uma das salas da Caridade. E que te parece, amigo? Se eu fosse tu, não olhava mais para as pessoas do belo sexo, não é assim? Seguramente. Pois eu penso de modo contrário: quanto mais delas sofro, mais benefícios procura fazer-lhes. Dirás — isso é ser tolo! e eu te responderei: isso é ser sábio! Assim as converto em amigas, inda que passados, para obter tal conversão, alguns anos! E porque é melhor ter amigas que inimigas, prosseguirei sempre nesta minha linha de conduta, que estimarei que aproves e sigas.

MIG. — Qual linha de conduta; nem traços de araruta!

ENC. — Pois se a não quiseres seguir, hás de te arrepender!

MIG. — Eu não me posso arrepender do que faço sem querer.

ENC. — Ó diabo! Pois tu não queres?

MIG. — O quê? Não te entendo.

ENC. — Ó Miquelitico, ouves o que te estou dizendo?

MIG. — O que me dizes entra (*apontando*) pelo esquerdo e sai pelo direito. É o mesmo que uma pitada de rapé que se sorve e logo depois sai, assoando-se ou destilando-se.

MARQUINFÁLIO (*entrando*) — Bravos, bravíssimo! (*Fazendo milhares de cortesias, de cumprimentos, voltando-se para um e para outro lado com os braços muito estendidos, algum tanto arcadas as pernas, chapéu na mão direita, bengala à esquerda, pondo a luneta de vez em quando*) — Oh! como são formosos estes agradáveis, simpáticos e amáveis meninos! São as flores da mais bela sociedade! São os ornamentos das grandezas terrenas! São... o que mais... são... são... umas belas jóias que mandei há dias compor por ordinárias e inúteis, e agora as vejo aqui quais... não direi tudo o que sei! Sempre é bom ocultar alguma cousa! (*Os outros arregalam os olhos e fazem sinais de indignação. Marquinfálio, à parte*). Estou com medo deles! Têm cada olho que parece um repolho! Não; que parecem uns balões! e as caras estão mais feias que as de uns leões. Procurarei amansá-los (*aproximando-se deles*). Sinto o mais vivo prazer em vê-los, Srs.; e fiquem certos que se os meus diminutos préstimos de alguma utilidade lhes pudessem servir, que com o maior gosto estarão ao dispor de Vossas Senhorias.

ENC. — Agradeço-lhe muito, Sr. Marquinfálio; e retribuir-lhe-ei os numerosos cumprimentos que tão atenciosamente se há dignado para comigo dispensar! E eu não dispenso os seus numerosos oferecimentos! Preciso em primeiro lugar (*puxando a corrente*) desta corrente e seu competente relógio...

MARQU. — Amigo, pare-se! Isto não é serviço; e eu ofereci-lhe unicamente os meus serviços.

MIG. — Mas é cousa que os vale! e por isso agora, quer queira quer não, há-de ficar sem ela! (*Tirando-lhe a corrente e o relógio e pondo em* si). Ah! está ótimo! O relógio é patente, de primeira qualidade, e não é falsificado!

MARQUINFÁLIO (*quer sair, olha para todos os lados, vê tudo fechado e fica algum tanto aflito. Miguelítico aproxima-se dele, ele quer evitar o contacto*).

MIG. — Ainda não tinha reparado... que bonito anel de brilhantes... vamos a ele (*agarra-lhe na mão*).

MAR. (*muito humilde*) — Senhor, por quem é! Não me tire o meu anel! Não me tire tudo! Eu quero retirar-me... não; não, deixe me este traste! É a lembrança de um meu amigo (*Miguelítico esforçando-se sempre para tirar*), é o presente que meu Pai me fez antes de me apartar dele. É... (*chorando*) o que me fazia feliz neste mundo! Eu que perdi Pai, Mãe, tios, padrinhos, amigos... e não sei que mais, eu que perdi todos os meus protetores! Meu Deus, o que há-de ser de mim, se fico sem o meu estimado anel! Fico infeliz. Fico... quem sabe... talvez... Oh! que dor de barriga... parece-me que estou prenho, Senhor! Senhor! me acuda (*apertando a barriga*), estou prenho! Quero parir! Me acudam! Venha a parteira. Venha o médico! Eu caio, acudam--me! Eu morro! (*Miguelítico e Enciclopédio querem agarrá-lo, entra uma criada com uma xícara de chá, às carreiras*).

FINDINGA (*criada*) — Ouvi gritar: parteira! Médico! Criada! E como sou tudo isto, eis-me aqui para partejar; e já um remédio que fará S.Sa. (*para o doutor*) pôr já e já o filho fora. Tome; tome! (*Pegando-lhe em um braço*). É bom de tomar, é infalível para curar! (*O doente pega a xícara e toma um gole*).

MAR. — Ah! que alívio! Estou melhor um bocadinho... (*toma outro*). Sinto (*correndo a mão pela barriga*) mais aliviada esta pança... Se eu tivesse uma cama mais macia que este assoalho aqui — estas tábuas são tão duras... eu sei... enfim, que será de mim?

FIND. — Não se acobarde, Sr. Marquinfálio. O que é um parto? Isto não é nada! (*Apalpando*). Ainda o Sr. tem a felicidade (*com convicção*) de ter um só filho. Eu tenho partejado de três e de quatro! Isso não é cousa alguma. O Sr. verá.

MAR. (*pouco a pouco levantando-se e quase de gatinhas, safa-se e grita*) — Eles roubaram-me! Quase me mataram! Mas não me estriparam! (*Correm todos para a porta e voltam*).

ENC. — Que te parece, Miguelítico? O nosso amigo Marquinfálico?! Fingindo-se de prenho, doente... nossa lição foi boa!

MIG. — O tal Marquinfálio é o diabo em figura humana!

FIND. (*com a xícara numa mão e o pires na outra; com uma colherinha na boca*) — E quem me paga o meu trabalho de partejar? Fico assim... não? Nunca mais acudirei a doente que não conheça. Podem chorar; gritar; berrar; morrer. Nunca mais serei criada, nem parteira. (*Despedindo-se e retirando-se com as costas sempre viradas para a porta por onde tem de sair*). Adeus, adeus, meus Senhores! passem bem! Desculpem-me se... (*bate com a cabeça no portal; e vai a virar-se para um lado; bate com um braço nos objetos que estavam em cima de uma mesa; e caem; espantada, grita*): Ai! ai! ai! Meu Deus do céu! Ai! (*e caindo desfalecida*) cortei-me toda! Toda! Toda! (*Continua a gemer*) Ai! ai! ai! meu Deus! Como o sangue corre! Me acudam! (*Esforçando-se para levantar-se; e sem poder*) Ai! que dor eu sinto! Que aflição o meu coração padece! Sim; estou... estou morta!

ENC. e MIGUELÍTICO (*aproximam-se a ela para socorrê-la; procuram consolá-la; levantá-la; e passado algum tempo, não podendo conseguir, porque ela estava com um histérico ou com os nervos duros; virando-se um para o outro*).

ENC. — E o que lhe havemos de fazer?

MIG. (*com ar de resolução*) — Matá-la de uma vez; pois isto para que serve mais? Velha de mais de sessenta anos, feia, e ainda impostora chamando-se médico e parteira... Vamos afogá-la!?

ENC. — Estás louco, homem, e depois?

MIG. — Depois, quem sabe?

ENC. — Não concordo.

MIG. — Pois és um tolo. Passavamos-lhe uma toalha ao pescoço, apertavamos-lhe: ninguém o sabia. Pegávamos nela e metíamos naquele buraco (*apontando para um lado*) cuja extensão vai ao mar... e ninguém saberia que tínhamos tido nós a conveniente lembrança de aliviar a Terra deste peso.

ENC. — Olha; ela já vai se levantando. Vamos ajudá-la (*pegam-lhe nas mãos*). Levanta-te, mulher, levanta-te!

FIND. — Eu não posso!

AMBOS — Então te arrastamos!

FIND. — Paciência; eu não tenho forças... Só se se tomasse um caldo de galinha bem gorda, que é o que eu costumo tomar quando estou fraca.

MIG. — Está teimosa, arrastemos-a! Pega de lá que eu pego de cá. (*Puxam, correm, arrastam-á*).

FIND. (*gritando*) — Ai! ai! ai! (*Até a porem fora e fecharem a porta*).

MIG. — Custou-nos ficar livre desta sanguessuga! Irra!

ENC. — Coitada! talvez fosse bem boa mulher.

MIG. — Qual boa (*caminhando, e com ar de desprezo*) nem boa! Pois tu já viste mulher boa!?

ENC. — Sabes o que eu vou fazer? Um passeio a cavalo. Queres ir? Vamos.

MIG. — Bem lembrado, mas eu gosto mais dos tílburis.

ENC. — A cavalo é melhor. Anda-se a passo; a galope; a trote; na disparada; e no tílburi não há tantos andares; portanto, é melhor a cavalo. Vamos, vamos!

MIG. — Não há remédio (*à parte*) senão aturá-lo e acompanhá-lo. Vamos! (*Enfia o braço e saem*).

Quadro I

MITRA (*para Lamúria*) — Sabe dizer-me se já foi despachado o meu requerimento?

LAMÚRIA— Teve o seguinte despacho (pegando e abrindo um livro): "Não tem lugar o que requer o suplicante, em vista da informação da Tesouraria".

MITRA— Pois é possível que tal fosse o despacho que teve o meu requerimento!?

LAMÚRIA— Está aqui escrito.

MITRA — Isso não obsta!

LAMÚRIA— Pois então faça outro requerimento.

MITRA — Não faço; este é o terceiro que submeti a despacho sobre o mesmo assunto. O primeiro teve um despacho inconveniente — por similhante a este. O segundo não teve despacho. E o terceiro tem ura despacho contrário a meu direito de propriedade e a — leis escritas! Para que, pois, hei-de eu mais pegar em pena para fazer requerimentos neste sentido!?

LAMÚRIA — Então...

MITRA— Sabe o Sr. o que precisava fazer-se a meia dúzia de empregados públicos? — Enforcá-los! Já tem sido o seu procedimento irregular ou contrário aos direitos dos outros homens, ou transgressões das Leis — a causa, e está sendo de milhares de desgraças, que estúpidos — observamos e lamentamos no Estado! e querem continuar sabendo-o, proceder de igual modo, para que tais infortúnios continuem a observar-se e lamentar-se! Deus vingará os inocentes e flagelará os criminosos — é quanto basta. Eu até penso que não está no lugar em que devia, pois da letra M se passa a N e de I a J...

LAMURIA— Pois é para ver; é o que está aqui escrito.

MITRA — Vou lavrar a sentença de morte, ou de penas, a todos os funcionários públicos que mal cumprem os seus deveres! E se Deus quiser ou- vir-me, não se queixem — será a punição que merecem, visto não quererem cumprir seus deveres. Com estas violências, puseram minha família a rolar; não podendo destruir-me, mataram uma pessoa — a minha queridíssima filha; e agora parece tentar-se nova destruição em alguma outra pessoa da mesma! Isto é crueldade inqualificável. Não serei eu brasileiro!? Não terei direito a viver do produto de meu trabalho? Não devem ser garantidas pelas Autoridades, visto que o é pelas Leis, — a minha vida e propriedade!? Não será isto o que a Nação inteira quer... que cada qual goze o produto do que licitamente adquiriu e possui? Parece que sim. E por que se há-de a mim querer tirar uma parte, que não devo e que não devem!? Hei de falar ao Sr. Presidente; e a ele perguntarei — se meu procura- dor em Aljubarrota; se o ex-comandante da guarnição daquela cidade e se a Tesouraria Geral — têm mais direito sobre uma casa que comprei, paguei, e de cuja compra recebi as competentes escrituras — que eu; visto que, por todos esses fatos — sou o seu legítimo e verdadeiro dono ou proprietário! (*Sai*).

LÁVIO (*entrando*) — Faz-me o obséquio de dizer se o Sr. Silvuplé está em casa? (*Senta-se, estende as pernas, alarga os braços, toma rapé, limpa o nariz*). Diz ou não diz?

TITO — O Sr. está enganado! Não vê aqui as Armas Imperiais? acolá os reposteiros? ali os editais? em sua frente o livro-mestre ou da porta? Ou o Sr. é da roça!?

LÁVIO — Ah! isto é aquela cousa que se chama repartição pública?! Onde vim eu dar por engano!? Numa repartição pública! Té té té... quando eu havia de pensar. Eu que tive sempre medo destes bichos, como das jararacas da minha velha lavoura! (*Sai, benzendo*-se, *cuspindo e fazendo cruzes*). Nunca mais pergunto pelo Sr. Silvuplé.

CELSO (*entra, abre o livro dos despachos e encontra o seguinte*) — "Ao Siar cumandante das fronteiras a informar". Como é interessante o despacho e quanto deve ser importante o Empregado que... o escreveu. Vejamos est'outro: "Em vista dos décumento, e informação apresentado pelas imprenhados desta repartição, não tem lugar o que quer o requerente. Sala das sessões preparatórias em 15 de maio de 1869". Oh! este ainda é melhor. Até a data é do ano que ainda há-de vir! Onde terão as cabeças os Empregados que tal escreveram? Sem dúvida na barriga de algum animal quadrúpede. Vejamos est'outro; parece-me ainda mais extraordinário. Vejamos o que diz. Oh! oh! oh! este é o melhor de todos. Versa sobre cousas de maior interesse: leiamos com tento e reflexão: "Durante a vida e a morte dos seus Avós, o cavalo de que fala o suplicante ainda existia no ventre purissíssimo da égua que o teve, e é de crer que... (*o suplicante me entende... falo respectivamente ao Pai do potrilho*) ainda estivesse em embrião! Percebe? Por consequência reconheço seu incontestável direito: não o mandando ainda assim entregar porque a parte contrária alega que a marca que o Sr. diz pertencer-lhe — está de pernas para o ar. Continue-o entretanto a tê-lo retido em uma estribaria, até que o suplicante prove não lhe haver faltado com o pasto necessário; e que seus Avós não costumaram marcar de pernas para o ar!" Estou realmente espantado do que ouço e do que vejo! Ou as minhas vistas me enganam ou isto não passa de uma interessante caçoada. (Sai).

LEÃO (*entrando da rua e alguns empregados entrando de dentro para a sala; apertando-se as mãos*) — Ando despedindo-me de diversas autoridades com quem entretenho relações de amizade. É diminuta a minha demora; necessito fazer uma viagem; venho por isso receber as ordens que a V. Exa. aprouver dar-me.

SECRETÁRIO DA PRESIDÊNCIA — Como! pois retira-se? Deixa-nos?

LEÃO — É-me indispensável! Preciso realizar certos negócios na Campanha e o não posso conseguir sem que lá vá.

SECRETÁRIO — Pois escrevendo não seria o mesmo?

LEÃO — Tenho escrito um cento de cartas; feito outros tantos pedidos a pessoas que para lá vão: já mandei de propósito uma para tal fim: e nada tenho podido conseguir: sou, portanto, forçado por tais causas e por razões que considero ponderosas, a deixá-los por algum tempo! Não; eu não os deixo; porque suas imagens vão retratadas em minha imaginação!

SEC. — Farei votos para que seja muito feliz, já que não posso estorvá-lo de ir passar alguns incômodos.

LEÃO — Sou o primeiro a reconhecer seus bons desejos e os sentimentos dignos do maior louvor que animam seu coração; eu parto: Adeus, até à volta!

Quadro II

LEÃO (*sala do inspetor da Tesouraria*) — Participo a V. Sa. que parto breve para Aljubarrota a fim de trazer os atestados que me são necessários para haver desta repartição quantias que me deve, cujo reembolso eu não posso prescindir.

INSPETOR — Por que não vai obter da Presidência da Província ordem para ser embolsado!?

LEÃO — Tenho requerido por vezes; e ainda anteontem o despacho que se me deu foi — não tem lugar, em vista da informação da Tesouraria. Portanto, agora cumpre-me para havê-las a apresentação dos documentos com que prove deverem-se-me.

INSP. — À vista disso faça o que mais conveniente julgar.

LEÃO — É o que pretendo — o que mais me parece convir; e por isso porei em prática. Estimarei que V. Sa. continue a gozar perfeita saúde; e a desempenhar como deseja e convém, aos interesses públicos, as importantes funções de seu cargo (faz profunda reverência e retira-se).

Quadro III

LEÃO (*entrando na sala do chefe de Polícia*) — V. Exa. dá licença?

CHEFE — Pois não, entre!

LEÃO (*apertando a mão*) — Já sei que me dará a satisfação de dizer que passa bem.

CHEFE — É verdade; andei alguns dias doente; agora, porém, passo divinamente.

L. — Muito estimo! Assim, mais bem policiada será a Capital; e mesmo a Província.

CHEFE — Faço a esse respeito o que posso, por dever, por amor à Nação; e por conveniência própria; pois se assim não procedera, desacreditar-me-ia para com o Governo Geral e provincial; e para com o Povo, cuja opinião muito respeito e acato! E certamente — não viveria com a minha consciência muito tranquila.

L. — Assim, não pode V. Exa. deixar de ser feliz. Participo-lhe que me retiro por algum tempo da Capital; e pretendo voltar passado um mês pouco mais ou menos. Venho, portanto, despedir-me; e ofereço-lhe o meu pouco préstimo para a Campanha. E se me não resolver a levar, desejo deixar junto aos seus baús um com alguns papéis a que dou muito valor; e que realmente para mim são de grande importância.

CHEFE — Pois não! O que quiser. Esta casa está às suas ordens, e creio ficarem seguros.

L. — Por conhecer isso mesmo é que peço licença para fazê-lo. Tenho numerosas cousas a tratar, por isso não me demoro (*levanta-se, despede-se e sai*).

Quadro IV

LEÃO (*sala de Palácio, a um Capitão*) — O Sr. Presidente está?

CAPITÃO — Está, mas ocupado.

L. — E eu lhe posso falar?

CAP. — É com urgência?

L. — Sim; pretendo retirar-me; vinha por isso despedir-me de S. Exa.

CAP. — Bem; eu vou participar-lhe.

L. — Esperarei.

CAP. (*voltando*) — Queira passar para esta sala; S. Exa. não tarda.

L. — Pois não. (*Espera passeando; passados cinco minutos, entra S. Exa.*) — Exmo., muito me apraz vê-lo no gozo da mais perfeita saúde.

PRESIDENTE — Oh! como passa?

L. — Menos mal, Sr.

PRES. — Sente-se.

L. — Hoje não venho como em outros dias acompanhar a V. Exa. durante horas; mas apenas por alguns minutos. É meu fim receber suas ordens para a cidade de Aljubarrota.

PRES. — E o que vai fazer lá?

L. — Prevenir-me e providenciar para que passado algum tempo V. Exa. não tenha o desgosto de me ver aqui roto e esfrangalhado... senão nu.

PRES. — Pelo que ouço está muito desgostoso...

L. — Pois não hei de estar desgostoso, quando é certo que as maiores desgraças têm pesado sobre a minha Pátria, pelas violências que há dous anos seguramente hei sofrido em meus direitos!? Três requerimentos hei apresentado para ter sempre dinheiro com que cubra as minhas despesas; e não tenho podido conseguir. Se eu pedisse por esmola, transeat; mas aluguéis de uma das minhas propriedades, é espécie de crueldade! Pedi que se mandasse buscar minha família, há tanto tempo, porque padecia todos os dias em razão de sua ausência! E o que tem feito o Governo? Nada! visto que em dous dias estaria aqui, e este fato teve lugar há talvez quinze! Deixo de parte fatos anteriores, porque é desnecessário narrá- los para censurar o procedimento de quem há desprezado os meus mais sagrados direitos. E calar-me-ia; e nada diria — se não tivesse consciência dos grandes e numerosos serviços que hei prestado à Pátria, os quais não são ignorados, nem pelo Governo, nem pela Nação, nem mesmo pelos estrangeiros; é um homem universal que em sua província, depois de como tal reconhecido, para com o qual se tem sido miserável e praticado as maiores vilanias! Quem crererá que para fazer o Presidente da Província cumprir um contrato feito por um General comigo, em que nada há de despropósito, é preciso que eu faça uma viagem de setenta léguas, incômoda, mais que incômoda para mim, por minhas enfermidades! Quem que no Governo estando transgride seus deveres, e com tal transgressão faz, expõe a tal o seu maior, e talvez o mais forte amigo!? Quem suporá que o mesmo Governo arrancou dos braços deste homem o que tinha de mais caro — sua família — e que em vez de atendê-lo, quando reclama e grita pela entrega da mesma, o compele de alguma maneira a viver dela separado, ocasionando-lhe assim — per- das talvez irreparáveis!? quando era seu primeiro dever, conhecendo o mal que lhe fazia, imediatamente mandá-la buscar, como pelo mesmo lhe foi pedido!? Se o Império depois de haver perdido milhares de soldados, decair" — será a culpa de tais governos, aos quais o povo, com bastante razão, lançará — eterna maldição! Despeço-me de V. Exa. (*aperta a mão, faz as cortesias do costume e retira-se*).

Quadro V

ENCICLOPÉDIO (*só, passeando*) — Botei abaixo um Ministério — por causa muito simples — o desrespeito (*com gestos satíricos e graciosos*) aos meus direitos de Pai! Lancei por terra um Presidente de Província! também por razão muito insignificante (*com os mesmos gestos*) por cousa pouco menor — querem destruir-me — por não me quererem reintegrar em meu emprego! Fiz voar um chefe de Polícia, um juiz municipal, por causa também de nenhum valor — por não me quererem despachar requerimentos fundados no mais sólido direito e nas mais sábias leis. Amordacei um outro; escrivães, por nada, por serem apenas vis instrumentos de autoridades despóticas! Tapei a boca de dois meirinhos com pontapés, por fatos de nenhum valor por sua audácia e má-criação!

(*Entra um alcaide com muita humildade*)

ALCAIDE — V. Sa. dá licença, inhô? (*À parte*). Este não é aquele doutro tempo! V. Sa. dá licença (*querendo mover o pê, e com medo; jazendo trejeitos; endireitando os óculos; com papéis embaixo do braço; bengala*). Ah! ele não fala. Já sei: é porque eu lhe dei Senhoria. Não, que eu não tenho o necessário tratamento! Para (*à parte*) ele falar é preciso o tratamento de Excelência. V. Exa. dá... (*com força*) dá licença?

ENC. (*virando-se para o lado do meirinho*) — Ainda não é o que... não te direi.

ALCAIDE (*à parte*) — Já sei o que ele quer dizer: é... é... é... já teve Majestade, por ter sido Imperador do Brasil! mas eu não tenho: portanto, contente-se com Exa. — Vossa Excelência dá licença? (*À parte*). Já estou quase sem goelas, e o diabo do homem não responde... (*Mirando-se todo, e com gestos de macaco.*) Dá... dá... ele dá (*aproxima-se e entrega-lhe um papel*).

ENC. — Que é isto? (*Com o nariz muito franzido*). Hein? Não ouve? O que é? (Levanta-se e agarra as abas do casaco do meirinho). Hein? Hein? Não fala! (*Sacode-o*).

ALCAIDE — Isto é... (*gaguejando, quase sem poder falar, sufocado*) é... (*dá um espirro, outro, outro*) é... o Juiz é quem sabe. Eu não sei (*atirando com um braço*) ele.

ENC. — Qual ele, nem ele, Sr. cachorro! Pensa que ainda estamos naquele tempo de despotismo [em] que as autoridades andavam roubando e matando de casa em casa, seu patife! Seu ordinário! Já! (*Apontando para a porta*) já! rua! Ao contrário, o farei voar depois de lhe imprimir as pernas desta cadeira na cara!

(*Entra o Juiz que mandou fazer a diligência, e um escrivão*)

JUIZ (*para o meirinho*) Então, cumpriu a diligência?

ALCAIDE (*para o Juiz*) — Não vê que agora é aquele tempo em que vocês quase em segredo mandavam roubar moças com papéis borrados!

ESCRIVÃO — Dr., este meirinho sempre foi um cascas d'alhos! E você ainda caiu em mandá-lo cá.

ENC. (*desenrolando um chicote que tinha na cadeira em que estava sentado*) — Agora pagam com o lombo o que há tempos me fizeram com a pena! (*Dá uma chicotada no Juiz, este corre, mas não acha a porta para sair; dá no Escrivão, no Meirinho, a estes acontece o mesmo, e andam em roda da sala gritando*). Agora não é como d'antes. Não é. Não é. (*O chicote trabalha sempre, até que fica Enciclopédio sozinho*).

ENC. — Eis o prêmio que tarde ou cedo esperar sempre devem os criminosos!

(*Corre o pano*)

Por: José Joaquim de Campos Leão — Qorpo-Santo
Porto Alegre, fevereiro 16 de 1866. Rua de Bragança, casa térrea de uma porta e duas janelas, nº 166

Notas do autor:

1. Assim no texto. Deve ser Cena Única, pois não há outra no mesmo Ato.
2. Construção pouco frequente, hoje condenada.
3. O verbo escritor, em lugar de escrever, aparece em outros passos da obra do A.
4. Diz-se do "cavalo cansado a ponto de cerrar os queixos sem que se lhe possa tirar o freio". Cf. Antônio Álvares Pereira Coruja, Coleção de Vocábulos e Frases Usados na Província de São Pedro do Rio Grande do Sul.
5. Tronco de laço, segundo Coruja, obra cit., é "um laço cujas extremidades são amarradas em duas estacas

bem seguras, ou em coisa semelhante, no meio do qual e com laçadas do mesmo se prende o pescoço de algum homem preso".

6. Piruleta por pirueta é comum na fala popular.

7. Assim do texto. Aportuguesamento da expressão latina non plus ultra — não mais além.

8. De prenha, variante popular de prenhe, o A. fez prenho.

9. Assim no texto.

THE WRITER MARINER

A comedy in two acts

CHARACTERS

Rapivalho[6]
Malhada[7]
Quinquinata[8]
Mário
Manuel
Joanitiquitoca/Joanicota, Mário's wife
A neighbor
Isolino
Enciclopédio[9]
Diamante[10], 5-year-old-girl.
Formosíssima, 4-year-old-girl.
Sapientíssima
Capivara, Enciclopédio's wife
Miguelítico
Marquinfálico
Findinga, maid.
Mitra
Lamúria
Lávio
Tito
Celso

---

[6] Nota da tradutora: Rapivalho: neologism; a made-up name.

[7] Nota da tradutora: Malhada: tabby.

[8] Nota da tradutora: Quinquinata.

[9] Nota da tradutora: Enciclopédio: name that resembles closely the noun encyclopedia, indicating that the character sees himself as a knowledgeable individual.

[10] Nota da tradutora: Diamante: means diamond.

Leão
Secretary of the Presidency
Treasury Inspector
Chief of Police
Head of the Province
Municipal Magistrate
Judge
Court Clerk

ACT I
Scene I[11]

RAPIVALHO (*thinking deeply*) — I really need to buy a jotter; I haven't been taking notes of things which[12] I have now forgotten, and this isn't becoming of a writer of my caliber! But don't you worry (walking around); I shall not forget; as soon as I manage to sell my pumpkins and potatoes, and my Joanitiquitoca gets some dough with her delicacies, I shall buy a jotter to take notes of all the most important facts that happen of which I get to know, to see, or to guess. Let it be; I shall not forget! I have a fantastic memory, an ability to recollect things that find no match. I promise and intend to abide by what I have just asserted, affirmed; warranted; etc. etc. etc.

MALHADA (*at the back door*) — If you weren't a scribbler[13] they wouldn't fool you!

RAP. — It is always you, ladies (*turning to the back door*). It seems that you think I am part of the rabble! Fooled you will be, and also whoever intends to fool me. I shall turn each of you into a bundle, a crumble, a rumble; did you hear me, madams?

QUINQUINATA (*entering*) — Hail, dear doctor!

---

[11] Nota da tradutora: Just like in the text. It must be a single scene, for there is no other one in this act.

[12] Nota da tradutora: Cujos in the original in Portuguese; scantily used expression at the time, nowadays frowned upon.

[13] Nota da tradutora: Escritasse, in the original in Portuguese: The verb escritar (writer), instead of escrever (to write) is a constant in the author's writings.

RAP. — Madame, I have already told you a million times not to call me doctor; my name is Rapivalho. Did you hear me, Madame?

Q. — I came here to settle accounts with you, and ironically I addressed you in the honorable title of doctor. Have you forgotten that you are my gardener and that you have run away two months of upfront pay!?

RAP. (*putting his hands on his head*) — My God! I am lost! These women kill me! I was trying to see if I could pass off as a writer...and they have ripped my cloak from the collar to the hem! I am completely lost! (*To them*): Ladies, go away! Go away! Get out of my sight! You lie; and with your lies you are debasing me. I have never seen you before — such impudent women!

Q. (*to Malhada*) — Look, look at this impostor! What a character! And what a piece of work, Sis, this bloke is — he is pretending not to know us?

RAP. (walking and moving like a mariner; apart) — And what about these women? They want to crucify me as a saint!

M. — Look, sis, he wants to go wild. Can you see? He looks like a drunk mariner! Poor thing! How about giving him some enema?

Q. — Yes, let's do it! Come with me! (They go quickly into a room and come back with a syringe; they place it in his nose. He performs many grimaces and funny faces).

M. — Take this scent, Mr. Rapivalho; it is burnt wool, as it is usually done to exhausted horses that keep their jaws tightly closed! That may cure you.

RAP. — You, rascals! How dare you treat me as if I were a horse! I'll treat you like bulls being tamed. (Pointing towards them and talking to the audience) — What do you make of them? They are so very nice, aren't they? They must be rewarded.

MÁRIO (entering) — What gives? What are you, ladies, and you, Sir, doing here!?

LADIES — You are very cheeky indeed! (With indifference and contempt). What do you care about what we do? Are we your servants? You had better attend Mass. You are really impudent.

MÁRIO (also with indifference and contempt) — Who are you, ladies, to address me in this manner? Who are you, who were you, and who will you be? These women have no savvy; they really need help with some salt and pepper!

MALHADA — Let's run away, Sis; let's run away from this ponderous man! He is the eighth wonder in the world — or in hell — for his audacity! (The ladies leave with intertwined arms).

RAP. (like a drunkard) — I am absolutely exhausted! I am sick and I don't know what else I am. I am (grimacing and rubbing his legs) stricken with rheumatism... and these ladies, these women have made me... worse still. Yes, they have made me still worse. They are worse than snakes! They have poisoned me with their talk, with the look in their eyes, and with their voice... I am feeling as if I had drunk a cup of hemlock. Perhaps Socrates, when he took his, didn't feel as sick as I do now! (Fades away and falls).

MANUEL (*entering/tiptoeing*) — A dead man... a corpse... Who is he, I wonder? He is so haggard... such a wretched man... such misfortune! What a terrible effect the poison of those two rattlesnakes has had on him! His face is dark! His eyes are bleeding, his mouth is foaming (*Looking at the man's legs*) and his legs are swollen!

(*The "deceased" rises slowly, and suddenly, after two leaps, manages to stand up): You were under the impression that I was dead, weren't you? But I'm still alive! (Jumps twice, threatens Manuel with his fingers and falls to his feet*).

MÁRIO (*The man is astonished at seeing the dead man rise and wants to run, but he can't; he trembles and remains wide-eyed, bent, and in amazement looks at the living dead for longer than five minutes*).

JOANICOTA (*Mario's wife, entering*) — Oh! Alas! (*She also falls, and the curtains are drawn. A great noise is heard on the stage, alongside some shouting, voices, noises on the floor for longer than five minutes; suddenly the curtains rise, and the figures of women and men appear*).

RAP. (*to Mario*) — I have just come back from the deepest sleep or dream ever. I was or thought I was dead for more than a quarter of an hour. I saw myself in those worlds where only gods inhabit! I saw myself in those lakes where only nymphs bathe; in those heavens where all you feel is pleasure!

MANUEL — The same thing happened to me (*tapping his shoulder*): I saw myself in those worlds where only beasts inhabit, in those lakes where only demons live, and in those hells where all you feel is pain!

JOAN. — I also had the impression I had died, but now I admit that I was dead in life, and that after such death now I find myself alive! (*She dances, plays castanets and sings*) — I look as pretty inside as well as outside... like a little angel. (*To the individuals*): What do you say, gentlemen? Do you agree or not with me? (*She stops and crosses her arms*).

A NEIGHBOR (*entering and curtseying, opening her clothes and stepping forward, backward, sideways, jumping and hopping etc.*) — Bravo! Bravo! Bravo indeed! My dear friend, I didn't deem you such a forward-looking person! Look, I (*dancing along*) also know something! Can you see? How do you like this pirouette? Does it please you? Am I performing well? As you see I have wasted no time!

JOAN. — It is true! You are the queen of dancers. You are the nonplus ultra of balls! You fascinate the young and entertain the old! (*Taking her hands*). — Let us dance together, my beautiful friend! Let's dance! Let's dance! (*They perform some leaps and sit down*).

MÁRIO — I am very rich, very happy. I have a woman who, in order to support me and all our whole family, it would suffice if she could only dance and perform in public! That would be enough. Tell me, my lady, have you left your boys with your husband to take this ride!?

NEIGHBOR — Your question deserves no answer. Would I dare to leave my boys with my husband!?

MÁRIO — Are you shocked? (Apart). It is because I have pointed out your private life... there are so many who confess having done this... when they wish to go to balls, to the theater, to public places, and wherever they please; they leave their husbands at home as if they are servants and go out to have a good time!

NEIGHBOR. — But I'm not one of them, surely!

MÁRIO — But you shouldn't seem so shocked. What is your name, my lady?

NEIGHBOR. — My name is... why would you want to know?

MÁRIO — Just to have some fun, my honorable lady!

NEIGHBOR. — For your information I am not here for your entertainment (*standing up, shaking her friend's hand, hugging, and kissing her*) Goodbye, my dear friend; see you later; I can no longer put up with your husband!

JOAN. — Why are you leaving so soon? Wait, don't go yet; look here!

MÁRIO — Do you know, or would you like to know something? — It is to be assumed that you don't. I'll tell you — it is that women — all of them — according to my conception... are my daughters!

JOAN. — You have remembrances, my dear Nestor, that seem to me to be lapses of memory from my great grandmother!

M. — You are too clever, there is no need for that... and if I were a priest, would there be any doubt?!

JOAN. — None; but only in that case.

M. — Just for your information, today I am, and not (*with a firm conviction look on his face*) a mere priest; but a Universal Priest!

JOAN. — If you keep on dwelling on such thoughts, I'll see to it that you are put in a charity institution. (*laughing*)!

M. — You are such a fool! Don't you know that God today makes a tavern keeper out of a shoemaker; a carpenter out of a tailor!? A grand-doctor out of a drum!?

JOAN. — I'd say you are out of your mind!

M. — And more and more I've come to the conclusion (*getting up really mad*) that you are an açcomplished ignoramus! Ah! My lady Joanicota! Whether you like it or not, you'll have to listen to me; otherwise, I'll have to show you that this (*touching his trousers*) is a pair of trousers, not a dress!

JOAN. — I don't know what you look like to me (*getting closer*). Let me hug and kiss you (*hugs and kisses*). Ah! What a sweet face you have, my dear old man! What a soft little body you have! (*Apart*). Or rather the clothing, for your body is rougher than sandpaper. Now let's be on good terms, shall we? Yes, we shall, we shall...

M. — You (*grabbing her*) are strong and will always be the rapture of my dreams, the pleasure of my days: my life, at last. Come, my love; come to my arms. (*He hugs her, kisses her, puts an arm around her and strolls with her*).

Neighbor. (*coming back in high spirits*) — Good afternoon, my good friend, how are you? And what about our pal, or rather my brother Mário?

JOAN. (*turning around*) — Perfectly well. My dear friend, we have been exceptionally well.

Neighbor. — And it really shows! I'd even think you both have put on some weight. Isn't that right, my chum?

M. (*furious, letting go of his wife's arm and charging like a bull towards his neighbor*) — Are you here intent on bothering me? Ah, that was all I needed! And you dare say we are fat. (*Shocked*). How about our neighbor? But what makes her even more memorable is the way she treats me, neither having any children herself, nor having given birth to any this year (*his belly should look like a nine month-pregnant woman*)!

Neighbor. (*stroking the man's belly and grabbing his arm*) — Please, don't get angry with me, my friend; You won't deny that we were both godfathers of my Calvintina's child!

M. — Well, I say (*turning to one side*). Which Calvintina are you referring to? You must be unhinged. (*Apart to herself*) This woman is in hell (*doing many grimaces*) and probably has eaten with some devil... this is why it is the second time that it hurts me, as well as Adolfo, the pharmacist — seeds in mortar! But I shall make it worse for you.

Neighbor. (*still patting the man's belly*) — My buddy — or my friend —, if you don't want to be called buddy, since I am also a midwife, as well as a seamstress, I must inform you that you need to prepare a layette, with oils and all those things which are usually required to be successful! Don't be late. I give you fifteen days (*still patting the man's belly*). You are about to go into labor. We may well have a new person within the next three days; and it will be a boy!

M. (*pushing her*) — Get out, you, horrible witch!! This devil (*doing some turns with his arms in the air*) will drive me mad! Such an audacity to say that I am with child! (*Apart*). But... who knows? (*In a rather low voice*). It may be true! However, I can't remember. It looks as though I am (*fiddling with his pants*), but who knows? It is certain that eight or nine months ago (*pointing at the woman*), Madame Joaniquitoca told me that she suspected that I was stuffed! But most likely she was mistaken. (*A knocking on the door*).

JOAN. — Who is it?

ISOLINO — It's me, my dear lady.

JOAN. — Can I help you with anything?

ISOLINO — Yes, my lady. Firstly (*after having sat down*), the intrinsic love of Your Excellency; secondly, the marriage contract to be celebrated in the nearest church of this town; thirdly, I am deeply convinced of your utmost and eternal fidelity! Fourthly, you shall never give me any reason for misery! And finally, fifthly, it is vital that you shall always sleep in any other bed but mine, for the opposite fact, on certain occasions and in certain times, gives rise to separation, which in other situations becomes eternal or nearly eternal in the case of bad marriages! If these conditions please Your Excellency as they please me — in the coming three days we shall be married, man and wife, spouses, friends, and all else that may contribute the notion that our bodies are eternally intertwined, just like the wonderful and shining stars in the sky!

JOAN. (*shocked*) — But what are you saying, Mrs...? Don't you know that I'm married to Mário?

ISOLINO — Oh! Your Excellency is married to Mário!? I didn't know that; I assumed you were an unmarried widow... So, you are married; it is all very well. And what happens when you want another husband? Aren't you tired of Mário yet?

JOAN. — I never thought you could be so impudent, Sir! I don't even understand how much audacity you had to enter this house, without even knowing me! (*Turning to Mário*)! And you, Mário, how can you put up with the barefaced man insulting you?

M. — I don't know what he is saying, woman! He seems to be drunk, if he's not crazy!

IS. (*Apart*) — Yes, drunk; being drunk with love is also being crazy!

M. (*To Joan*) — After all, don't you know this man? Don't you remember he was your first boyfriend?!

JOAN. — I didn't have the slightest idea!

IS. — I was mistaken! I'm deeply sorry; I thought here lived this lady I've been dreaming about for three days; with whom I stand awake, lying down, sitting down, etc. etc. etc.; but now I see that she is not Your Excellency; therefore, I must leave. (*He takes his hat to get out; the neighbor comes in; they meet; they are amazed at facing each other. They hug each other affectionately*) My sweetheart! My beloved friend!

Neighbor. — My angel! Oh, my God! We have met each other again after so many years apart!

IS. (*taking her by the hand*) — It is true, my dear. So, it is! So, it was! Now, we shall live forever for each other.

(*All join hands and sing*)

They are deceived, they are robbed,
Those who show no patience,
These always suffer in their pockets,
And still more if they have cognizance.
A lot of work goes by
Those who are show no patience.
These are robbed, these are deceived
In their insane impertinence!

ACT II
Scene I

ENCICLOPÉDIO (*walking by, somewhat hurriedly, and saying the following words*) — When will this head of mine have a sound and coherent thought!? Why on earth do I take a resolution now, and after a few minutes I take another?

DIAMANTE (*a five-year-old girl enters*) — Daddy, dinner is served.

ENC. — No, my dear; I won't have it now; tell your mother to eat and to give it to you all.

(*Another girl enters*)

FORMOSÍSSIMA (*a four-year-old girl*) — Come on, daddy, (*patting his leg*); come on, or it will get cold, and my daddy won't have it and it will do you no good.

ENC. — No, girls, I'm not hungry; go and have your dinner!

SAPIENTÍSSIMA (*three-year-old girl, resting her hands on the door, swinging from one foot to the other and smiling*) — So, Formosíssima, isn't Daddy coming? Well, so let's us eat it all up!

FORMOSÍSSIMA (*much distressed*) — Come on, daddy, come on!

DIAMANTE — All right. (*Taking Formosíssima's hand and speaking hurriedly and self-confidently*). All right. Formosíssima, your daddy doesn't want to come; so, let's go, let's tell Mom he doesn't want to. Let's go, let's go, let's go (*to Sapientíssima*), let's go, Sapientíssima; daddy doesn't want to come with us.

FORMOSÍSSIMA (*to her sisters*) — So much the better for us; he doesn't want to come; we can eat it all up.

SAP. — So, he really doesn't want to? (Turning around) Ok, so, let's go. (Desolately); let's go (*they leave*).

CAPIVARA (*Enciclopédio's wife, getting closer to the door and doing the same thing the little girl was doing, that is –resting her hands on the doorway*) — Enciclopédio, dinner is served; come right now! (*Enciclopédio remains quiet*).

CAP. — Are you coming or not? All right, you don't answer; still the same old habits! (*She leaves*).

MIGUELÍTICO (*entering; to Enciclopédio*) — Hey buddy, how are you doing?

ENC. — I'm fine, and you?

MIG. — Well, how am I supposed to be... Now I cry, now I laugh.

ENC. — I didn't get you.

MIG. — I'll explain myself. As you do know, I am a widower.

ENC. — Yes, everybody knows that, and why don't you remarry?

MIG. — I have looked for hundreds of women, hundreds of jobs, hundreds of coins! Hundreds of... of...

ENC. — I know what you mean: you are extremely shy, and that is why you still haven't found a lady to your liking. There is no doubt that there are many ladies who want you and many others who would like to marry you.

ENC. — I don't know what the matter is: sometimes I'm cheerful, sometimes I'm sad; sometimes I'm a philosopher, sometimes I'm considered to be a priest! Sometimes I'm good, sometimes I'm bad. Living like this is hell! Oh, yes! It is!

ENC. — I don't get you. You tell me you want this; I give you this, and you don't do anything with it. You tell me you want that; they give you that, and you don't enjoy it. You say you want another thing, they give it to you and still you refuse it. You are infernal! It is impossible to understand you with all your fickleness!

MIG. — Well, I'll tell you what happened to me today. I left home with the firm resolution of proposing to a certain lady... who is already widowed; and, according to my recollections, she owns some good amount of money. I go upstairs, clap my hands, hear her speak; and instead of walking through the open doors — as if she were waiting for me — I wait a few minutes and conceive the very thought... that is, an air of... something comes into my head and makes me decide not to go in. And how does it look to you, my friend? I have reflected upon this. This is the fortieth identical situation that has happened to me, when I deal with such matters (*angrily*)! But I shall marry! I shall marry!

ENC. — I don't know what to tell you. Maybe you'd better forget all about it, given that you still have a living wife and offspring... according to what you have told me.

MIG. — Yes, but they are of no use to me once they are far from me; and even when they are close, instead of serving me — they are intent on destroying me. But let us move on. At home, I conceive a series of projects, I talk spiritually (*only in my imagination*) with all the women I like, those who can serve me as a wife; and I talk to some men as well; I wait for these ladies, I go out, I search for them... and, unfortunately, I haven't been successful. My deepest conviction in my heart of being accepted just disappears when I set eyes on or even hear the one I'm looking for! It is amazing; as rare a thing as a star falling! However, it does bother me a lot. I don't know how to open this head of mine, which is always ready to welcome everything... I wish it were closed having nothing but one single thought, one final resolution, but it has been impossible. Sometimes the reason is moral, sometimes it is physical. As for the latter, however, it seems to be a weak one, because what you can't do today, you can do tomorrow — and many times with really enormous advantages!

ENC. — That is enough, my friend! Don't worry; you will get what you want; don't fret; it will do you no good; don't bother about it, are you listening to me? Everything shall be settled. You will have a happy and content life. Why haven't you done like some notables that I know?

MIG. — What have they been doing?

ENC. — Why, what have they been doing, you ask? Don't you know? They come into the ladies' houses, take off their coats, make themselves comfortable, and say: "My ladies, today you will be mine. Here I shall spend some time, eat, drink, sleep as much as I wish..." and these ladies welcome them with great pleasure, take care of them, give them food, drinking, bed, etc., etc. You should do the same and you will see how well you feel! (*Talking and taking off his coat and vest*).

ENC. — You are a fool! You don't know women; you don't even remember that there are six or seven for each man! Don't you desire and need them? Yes, for sure you do. And the same thing happens to them. And some of them feel it even more fervently than all men, stronger than all men put together, see? Have you got my point? So, take my lesson and put my advice to good use, for it is the old voice of experience.

MIG. — I know and see everything clearly, but I have already told you what happens; I do see your point.

ENC. — You are right. No man can show prudence without a family, without having a family, without at least having a true friend; always searching, always shifting, always changing his wishes. He is always searching, always varying, always having new wishes, now being betrayed by one woman, now by another; now having to let go of his dignity, now having a whirlwind of varieties in his mind. The other day I had a good time with one of them; do you know what happened to me? When I was rendering her the fineries in this world... she hit me (*slapping himself*) and my face started burning (*making grimaces*) — I took leave, saying I was really sorry and thanking the nice treatment I had been given. Let me tell you what happened in another situation. After having said yes – that she was at my complete disposal and that she was my maid, etc., etc., without my knowing, she sends for the police and I barely escaped from going to prison. Would you like to hear what happened on another occasion? The more good I did to her, the more harm she did to me; and because I kept doing it, she made me spend 24 hours in a Charity room. What do you make of this, my friend? If I were you, I wouldn't even look at the fair sex any longer. Isn't that so? Surely. But I see the other way round: the more they make me suffer, the more good things I try to do to them. You must be thinking I am a complete fool and my answer is: this is not foolishness; this is great wisdom! In this manner, I convert them all into friends, even if it takes a few years to do it! And another reason: it is better to have female friends than female fiends; I shall keep this course of action, which I hope you approve of and follow.

MIG. — What course of action are you talking about? There is not even a hint of it, no doubt!

ENC. — Well, if you don't want to follow my advice, you will regret it!

MIG. — I cannot regret what I do unintentionally.

ENC. — Oh. to hell with you! Why don't you want it?

MIG. — What do you mean? I don't get you.

ENC. — Oh, Miguelítico, are you listening to what I'm saying?

MIG. — What you say goes in one ear and out the other (*pointing*). It is the same as taking a pinch of snuff and then blowing your nose.

MARQUINFÁLIO (*entering*) — Bravo, bravo! (*Doing a thousand different curtsies, going from one side to the other with extended arms, arched legs, a hat in the right hand, a cane on the left, looking through his pince-nez now and then*) — Oh! How handsome, nice and amiable these boys are! They are the flowers of the best society! They are ornaments to earthly delights! They are... what else... some fine jewelry that I had some days earlier and I had reputed as ordinary and useless, and now I see them here as... I won't tell you everything I know. It is always advisable to conceal a few things! (*The others are wide-eyed and filled with outrage except Marquinfálio*). I am afraid of them! They have cabbage-looking, or rather balloon-looking eyes! And their faces are uglier than those of lions! I'll try to tame them (*getting closer to them*). I am most delighted to have met you, gentlemen; rest assured that if I can be in any way help, I will be most pleased.

ENC. — Thank you, Mr. Marquinfálio; and I shall reciprocate all your kindness most gladly. And I won't dispense with your various offerings! To start with, I need this chain (*pulling it*) and its corresponding watch...

MARQU. — Please, stop it, my friend. This is not a service; and I have offered you nothing but my services.

MIG. — But this is something equivalent to it! And that's why, whether you want it or not, you shall not have it anymore! (*Removing the chain and the watch and taking possession of them*). Oh, this is great! The watch is top quality, a genuine piece! It is not any forgery!

MARQUINFÁLIO (*wants to leave, looks around, sees everything closed and is anxious. Miguelítico gets closer to him, but he moves aside to avoid contact*).

MIG. — I hadn't noticed it yet... what a beautiful diamond ring... let's get it (*takes it from his hand*).

MAR. (*very humbly*) — Wait a minute, sir! Don't take my ring! Don't strip me of everything I have! I want to leave... no; no, please, let me keep this junk! It is a remembrance of a friend of mine (*Miguelítico is striving to take the ring*); it is a gift from my father before I saw him last. It is (*crying*) this that made me happy in this world! I have lost father, mother, uncles, godfathers, friends... God only knows what else! I have lost all my guardians! Good heavens, what shall become of me without my precious ring? I am a wretched man. I am... who knows... maybe... Oh! What a terrible belly ache... I feel as though I am pregnant... Lord! Lord! Help me for I am pregnant (*pressing his belly*)! Send for the midwife. Send for the doctor! I'm falling down; help me, please! I'm dying! (*Miguelítico and Enciclopédio are about to grab him, and a maid comes in hurriedly with a teacup*).

FINDINGA (*maid*) — I heard someone scream: a midwife! A doctor! A maid! And since I am both things, here I am to help in the labor; and here is some medicine that will help you push the baby out (*to the man*) in one minute! Take it; take it! (grabbing the man's arm). It goes down easily and will cure you; it is foolproof. (*The sick man grabs the cup and takes a sip*).

MAR. — Oh! What a relief! I feel a bit better... (*he takes another sip*). I feel (*grabbing his belly with his hand*) my belly much lighter... If I had a softer bed than this floor — these floorboards are so hard... I know... anyway, what will become of me?

FIND. — Fear not, Mr. Marquinfálio. What does going into labor mean? Nothing! (*touching him*). And you are lucky (*with conviction*) to have just one son. I have three or four! It is no big thing. You shall see.

MAR. (*getting up slowly and virtually on all fours gets away shouting*) — I was robbed and almost killed! But they haven't disembowelled me! (*Everyone runs towards the door and then comes back*).

ENC. — What do you say, Miguelítico? Our friend Marquinfálico pretending to be pregnant, sick...That certainly was a good lesson for us!

MIG. — This Marquinfálio is the devil personified.

FIND. (*holding the teacup in one hand, the saucer in the other, and a little spoon in her mouth*) — And who will pay me for my services as a midwife? Is that what you do to me? From now on, I'll never help a sick person that is not of my acquaintance any longer. You can cry, scream, yell, even die. I'll never be a maid or a midwife again. (*Saying good-bye and leaving with her back turned to the door through which she gets out*) Goodbye, goodbye, my lords! Have a good day! I'm sorry if... (*she hits her head on the doorway; and starts moving to one side; hits her arm in some objects on a table, which fall off it; she is shocked and screams*) Alas! Alas! Alas! My God! (*She collapses*). I've cut myself all over! All over! (*She keeps moaning*). Oh! Alas! my God! Look! I'm bleeding! Help me! (*Striving to get up, but in vain*) Alas! I'm in pain! My afflicted heart is suffering! Yes, I'm... I'm dead!

ENC. AND MIGUELÍTICO (*they come to her to help; they comfort her, lift her up; after some time being unable to succeed because she was hysterical or too nervous, they turn to each other*).

ENC. — And what shall we do with her now?

MIG. (*with an air of resolution*) — Let's kill her at once; for what use is she now? She's over sixty years old, ugly, and an impostor calling herself a doctor and a midwife... let's drown her!

ENC. — Are you crazy? And then what?

MIG. — Who knows?

ENC. — I do not agree.

MIG. — Well, you're a fool. We could wrap a towel around her neck and squeeze it; no one would know. We could take her and bury her in that hole (*pointing to one side*) whose length reaches the sea... and no one would ever know we had had the convenient idea of relieving the Earth of this weight.

ENC. — Look; she is getting up. Let's help her (*They take her hands*). Get up, woman, get up!

FIND. — I can't...

BOTH — Then we will drag you!

FIND. — Be patient with me! I don't have the energy... unless I have some very rich broth, which is what I usually have when I'm feeling weak.

MIG. — She is too pig-headed; let's drag; let's drag her out! You hold her one end and I hold her the other (*they pull and drag her out*).

FIND. (*screaming*) — Ah, poor me! Poor me! (S*he screams until they drag her out and close the door*).

MIG. — It has cost us dearly to get rid of this leech!

ENC. — Poor thing! Perhaps she is a very good woman.

MIG. — My eye! She's not good! Not good at all! (*Walking around with an air of contempt*). Have you ever seen a good woman!?

ENC. — Look, do you know what? I'm going on horse-riding. Would you like to come along? Come on!

MIG. — That's a good idea! but I'd rather take a tilbury.

ENC. — Horse-riding is better. You can choose between trotting, galloping, or going at full speed; in a tilbury you won't have as many different ways. Therefore, horse-riding is much better. Let's go, let's go!

MIG. — There is no remedy (apart) but putting up with him and following him. Let's go (*they leave*).

Tableau I

MITRA (*to Lamuria*) — Could you tell me if my petition has been deliberated yet?

LAMÚRIA — There has been the following decision (*picking up and opening a book*): "In view of information from the Treasury Department, the petitioner's request has been rejected".

MITRA — It is inadmissible that my petition has had such a deliberation.

LAMÚRIA — This is what is recorded here.

MITRA — But that is no impediment!

LAMÚRIA — In this case, submit another petition.

LAMÚRIA — I will not. This is the third petition I have submitted on the same subject. The first had an inconvenient deliberation — similar to this one. The second had no deliberation at all. And the third one had a decision contrary to my property rights and... written laws! Why, then, should I again put pen to paper to submit another petition for the same matter?

LAMÚRIA —Well... Then...

MITRA — Do you know what should be done to a dozen civil servants? — Hang them! Their dealings are either irregular or contrary to the rights of other men, or rather, their non--compliance with the laws — the consequence is that this involves thousands of misfortunes! Stupid servants! This is what we see and lament in the Government! And they still insist on deliberately acting in the same way, thus leading to more and more misery and grievance! God will avenge the innocent ones and scourge the criminals — that is enough. I even don't think it is in the right alphabetical order, that is from letter M we move to letter N and from I to J...

LAMÚRIA — Well, it is here for you to see; this is what is written.

MITRA — I will pass judgment sentencing to death, or imposing penalties to all public servants who perform their duties so poorly! And if God hears me, do not complain — it will be the punishment they deserve, since they do not want to fulfill their duties. Because of such violence, my family was disgraced; unable to destroy me, they killed one special person — my beloved daughter; and now it seems that another ruination is being concocted against another member of my family! That is unspeakable cruelty! Am I not a Brazilian!? Am I not entitled to live from the product of my labor? Don't my life and property have to be guaranteed by the Authorities, according to the law? Isn't this what the whole Nation wants... that each one enjoys the product of what was lawfully acquired? It seems so. And why on earth should I be dispossessed of part of what I own, since I do not owe, and nobody owes to me? I will speak to the President and will ask him — if my attorney in Aljubarrota, if the former commander of the garrison in that city, and if the Treasury General have more claim to a house that I have bought, paid for, and for whose purchase I received the corresponding deed; for all these reasons I am its legitimate and real owner or proprietor! (*He leaves*).

LÁVIO (*entering*) — Would you kindly tell me if Mr. Silvuplé is home? (*He sits down, stretches his legs, his arms, takes some snuff, cleans his nose*). Would you tell me or wouldn't you?

TITO — You are completely mistaken! Can't you see the coat of arms here? The drapery over there? And the edicts? And the account book or the door right in front of you? Or are you perchance a yokel?

LÁVIO — Oh! Is this that place we call a government department and which mistakenly I ended up entering? A public office! I would never think of that. I've always been afraid of such beasts as the rattlesnakes in my plantation! (*He leaves, blessing himself, spitting and crossing himself*). I'll never again ask for Mr. Silvuplé.

CELSO (*enters, opens the book of deliberations and finds the following*) — "For the commander of the border to report". How interesting the deliberation Is and how important the employee who wrote it must be... Let's see another: "In view of the document and information that the petitioner made in this office, what the petitioner wants cannot be granted. Office of preparatory sessions, on May 15, 1869" Oh! Look at this one; it is even better: its date is one year ahead. Where the hell was the head of the public servant who wrote this? No doubt it was in the belly of some four-legged beast. Here is another; it seems still more striking! Let's see what it says. Oh! oh! oh! This is the best one ever; It is about more interesting things: let us read attentively and reflectively: "Throughout the life and death of his grandparents, the horse the supplicant refers to still existed in the purest womb of the mare that bore it, and it is to be believed that... (*The supplicant understands my point... I speak to the foal's father*) it was still an embryo! Do you get it? Consequently, I recognize your undeniable right: not allowing its delivery to you because the opposing party claims that the breed you say belongs to you... is upside down. Keep it, however, in the stables until the petitioner gives evidence that it was given the necessary grazing; and that your Grandparents didn't use to brand legs upside down!" I'm really amazed at what I hear and see! Either my eyes deceive me, or this is only a good joke (*Leaves*).

LEÃO (*getting in from the street and some staff comes into the room; they shake hands*) — I've said goodbye to various authorities with whom I've had friendly relationships. I won't stay long; I must take a trip and I am here to receive your orders.

PRESIDENT'S SECRETARY — How come? Are you leaving?

LEÃO — It is imperative that I do so. I have to deal with some business for the Campaign; and I cannot do it unless I get there.

SECRETARY — Wouldn't writing provide you with the same outcome?

LEÃO — I have written a hundred letters; I have made many requests to many different people that go there; I have already sent one special person for this very reason and I didn't succeed. I am, therefore, forced to leave you by reasons that I consider of the utmost importance. No; I won't leave you; I have your images impressed in my imagination!

SEC. — I shall pray that you succeed, I can't prevent you from suffering some nuisance.

LEÃO — I am the first one to recognize your good wishes and the worthy feelings which ennoble your heart; I must go: Goodbye! See you later!

Tableau II

LEÃO (*Office of Treasury Controller*) — I've come to inform that I am leaving soon for Aljubarrota to get the certificates necessary for me to receive the reimbursement of the amount this department owes me, for I cannot do without it.

INSPECTOR — Why don't you ask the Province President?

LEÃO — I have already done this often times; and the day before yesterday I received the following answer: "In the light of information provided by the Treasury Department there are no grounds to grant the petition". Therefore, to prove my claim, I must present the corresponding documents.

INSP. — Considering what you say, do what you think is best.

LEÃO — That is what I intend to do — which seems to be the best course of action; and so I shall do it. I hope you keep your good health; and that you perform the duties your important public position requires from you in the public interest (*he bows and leaves*).

Tableau III

LEÃO (*going into the office of the Police Chief*) —May I come in, Sir?

CHIEF — Please, do!

L. (*shaking the chief's hand*) — I know that you will oblige me by saying that you are doing very well.

CHIEF — It is true; I was not well during some days; now, however, I'm feeling great!

L. — That's good news! Thus, both the Capital and the Province will be better guarded by the police.

CHIEF — I do what I can about that, out of duty and out of love for this Nation; and out of personal convenience as well, for if I didn't act like that I would surely lose my credibility before the government and the people, whose opinion I much respect and adhere to! And certainly I wouldn't have a clear conscience.

L. — By living like this, you must be very happy. I've come here to inform you that I'm going to leave the capital for a while; I intend to come back in approximately one month. I'm here to say farewell, and to offer some humble help for the Campaign. And in case I decide not to take with me a chest which is extremely valuable to me, I would like to leave it alongside your trunks; there are very important documents in it.

CHIEF — Certainly! Whatever you wish! This Department is at your disposal. You can rest assured they will be safe here.

L. — It is for this very reason that I am asking permission to do it. I have a number of matters to deal with; that's why I must be off, but it won't take long (h*e gets up, says goodbye and leaves*).

Tableau IV

LEÃO (*in the palace room, to a Captain*) — Excuse me; is the President in?

CAPTAIN — Yes, but he is very busy.

L. — Can I talk to him?

CAPT. — Is it an urgent matter?

L. — Yes; it is. I must be away for some time, and I've come to say goodbye to him.

CAPT. — Well, I will tell him you are here.

L. — I'll be waiting.

CAPT. (*coming back*) — Would you please come into that room? His Excellency will join you in a minute.

L. — Thank you. (*While he is waiting, he walks to and from; after five minutes, the President comes in*) — Your Excellency, I am very pleased to see you in such good shape!

PRESIDENT — How are you doing?

L. — Not so bad, Sir.

PRESIDENT — Take a seat.

L. — Today I haven't come as on other occasions to take hours of your time. I'm here for just a few minutes; my purpose is to get your orders for the town of Aljubarrota.

PRESIDENT — And what will you do there?

L. — I'll take precautions and measures so that after some time Your Excellency doesn't the displeasure of seeing me here all in rags and shreds – if not naked.

PRESIDENT — From what I hear you must be feeling are really dejected...

L. — In fact, shouldn't I feel so dejected when I think of the deep disgraces that have been a burden to my country, of the violence against my rights that I have been suffering for the last two years? I have submitted three petitions to have money to cover my expenses and I haven't succeeded.

If I were a beggar, so be it; but the rent of one of my properties is a kind of cruelty! I have sent for my family which has been away for a long time, as I felt miserable with their absence! And what has the government done? Absolutely nothing! They could be here within two days, and this happened about fifteen days ago! I won't discuss previous facts;

it is unnecessary to narrate them to blame the conduct of those who have shown the deepest contempt for my most sacred rights. I would shut up; I would say nothing... if I were not aware of the important and numerous services I have rendered my country, which the Government, the Nation, and even foreigners are cognizant of; here is a universal man, one who after having his citizenship recognized in his province, and against whom all kinds of evil and villainy have been done! Who would have believed that in order to make the President of the Province honor an agreement signed by a General and in which nothing is unreasonable, I must take an awful three-hundred-kilometer journey — a terrible nuisance for me on account of my ailments? Who, while taking office in the Government fails to perform his duties and to comply with the law, exposing his best and most loyal friend!? Who would ever suppose that this same Government has taken from this man's hands what he held most dear — his family — and that instead of tending to his needs, when he complains and begs for them, compels him to live away from his beloved ones, thus causing him irreparable loss, when, cognizant of this, its sacred duty was to send for it immediately, just as requested!? After having lost thousands of soldiers, all this decline in the Empire, the governing bodies are to blame; and they will be rightfully condemned to eternal damnation by the people. I bid farewell, Your Honor (*they shake hands, he leaves with the customary curtsy*).

Tableau V

ENCICLOPEDIO (*alone, walking around*) — I have driven out of office a whole Ministry for a very simple reason: disrespect (*with satirical and graceful gestures*) for my rights as a father! I have dethroned a President of the Province, equally for a very insignificant reason (with the same gestures) or something even smaller — they want to destroy me — by refusing to reinstate me to my old position! I've overthrown a Police Chief, a municipal judge as well because of absolutely no value whatever; they did not want to follow the legal procedures regarding my petitions, which were based on the most solid and wisest laws! I have gagged others; clerks, for nothing, or for merely being vile instruments of despotic authorities! I have shut two bailiffs up by kicking them, for negligible facts, for their nerve and their poor upbringing! (*A mayor comes humbly in*).

MAYOR — Excuse-me, sir (*apart*). This is not the one from long ago! Excuse me (*scared, trying to move his foot, making grimaces; straightening his glasses; papers under his arm; and holding a cane*). Oh! He is speechless; I know why: it is because I have given him a respectful treatment. That does not mean that I haven't got the necessary treatment! For (*apart*) him to speak I must address him as Your Excellency. Will you excuse me (*forcibly*), Your Excellency?

ENC. (*turning towards the bailiff's side*) — It still isn't what... I won't tell you.

MAYOR (*apart*) — I know what he meant to say: it is... it is... it is... there has already been a king in Brazil — an Emperor! But that's not the case; therefore, be content with Your Excellency — Would Your Excellency excuse me? (*Apart*) I can barely speak, and the man does not say a word... (*looking at himself, with monkey gesturing*). Give it to him... give it... he ends up by giving it (*he approaches and gives him a piece of paper*).

ENC. — What is this? (*With a heavy frown*). Huh? Can't you hear me? What is it? (*He gets up and grabs the flaps of the bailiff's coat*). Huh? Huh? He won't speak! (*He shakes him*).

MAYOR — That is... (*stuttering, stifled, almost unable to speak*) it is... (*sneezes once, and then again, and again*) it is... up to the judge. I don't know (*throwing it with one arm*), he...

ENC. — Neither anyone, nor he, nor you, Mr. Rascal. You are a scoundrel! Do you think we are still living in the times of despotism when authorities would rob and kill people by going from house to house?! Bugger off! Bugger off (*pointing to the door*). Beat it! Otherwise, I will make you fly after I hit you in the face with the legs of this chair! (*Enters the Judge in charge of the investigation and a bailiff*).

JUDGE (*to the bailiff*) — So, did you fulfill the inquiry?

MAYOR — Can't you see that these are the times when you would send for and hijack secretly maids with blurred papers?

CLERK — Sir, this bailiff has always been second-rate! And even so you have sent him over.

ENC. (*unrolling a whip that was on the chair he was sitting on*) — Now you pay with your flesh what you have been doing with the quill for years! (*With the whip he hits the judge, who tries to escape but doesn't find the way out; he hits the clerk and the bailiff, and just like the judge both of them run around shouting*). Now it is different from what it was before. Oh! It is! it is! (*the whip keeps working, until Enciclopédio is left alone*).

ENC. — Here's the prize which sooner or later all criminals must wait for!

(*Curtain*)

Porto Alegre, February 16, 1866. Rua de Bragança, single-story house with one door and two windows, no. 166
By: José Joaquim de Campos Leão — Qorpo-Santo

ANNOTATIONS

1. As it is in the original text; it must be considered as a single scene for there are no other scenes in this same act.
2. A rarely used word; its use is frowned upon today.
3. The word writer appears as a verb, instead of to write in other moments in the authors 'writings.
4. It is said of the horse that is so tired that it is biting the bullet, and you can't remove the bridle. Cf. Antônio Álvares Pereira Coruja, Coleção de Vocábulos e Frases Usados na Província de São Pedro do Rio Grande do Sul.
5. In the original, meaning "tronco de laço".
6. In the original, piruleta for pirueta (jump), common in public discourse.

7. As it is in the text: transformation from the Latin expression nonplus ultra — "no further", in Portuguese.
8. Of prenha, popular variant of prenhe (pregnant, feminine), the author has created prenho (pregnant, masculine), which does not exist.
9. As in the original.

UM ASSOVIO

Comédia em 3 atos e um quadro

Personagens

Fernando Noronha
Gabriel Galdino
Almeida garrê
Jerônimo Avis
Luduvina
Esméria
Rosinha
E Coriolana
Três Tocadores

As cenas se passam em Paris.

ATO I
Cena I

Fernando (*passeando e batendo na testa*) — Não sei que diabo tenho nesta cabeça! Nem S. Cosme, que é da minha particular devoção, é capaz de adivinhar o que se passa dentro deste coco! O que, porém, é verdade é que todos os dias, todas as horas faço novas preces; e todas as horas e todos os dias transgrido os deveres que em tais protestos me imponho! (*Chama.*) Gabriel, Gabriel, que diabo estás fazendo nesse fogão, em que estás pregando há mais de duas horas! Querem ver que estás a roer os tijolos, julgando serem de goiabada! Cruzes! Cruzes! Que gastrônomo! É capaz... já estou com medo! É capaz de roer até a minha casaca velha! (*Pegando de repente no nariz, tira um pedaço; olha e grita*) Oh! Diabo! Até já me roeu um pedaço do nariz, quando eu ontem dormia! Gabriel! Gabriel!

Gabriel — Pronto! Então (*de dentro*) que tanto me chama!? Diabos te levem! Ë o amo mais impertinente que tenho visto! Cruzes! Ave-Maria! Já vou, já vou! Deixe-me tomar o meu quinhão de café; e tomo, porque estou o transido de frio! Estou gelo! Quer derreter-me!? Espere, espere!

Fernando — Diabos te levem para as profundas do maior inferno! Está este diabo a tomar café desde que amanhece, até que anoitece! Vai-te, diabo!

Gabriel (*aparecendo*) — Ora, graças a Deus e a meu amo! — já que com o diabo cortei de todo as minhas relações. (*Apalpando e levantando a barriga*). Tenho esta pança menor que a de um jumento, ou de um boi lavrador! Não é nada (*caminhando para o lado do amo*), existe aqui... quem sabe já quanto estará! (*Rindo- se*). Duas chaleiras de café; quatro libras de açúcar... já se sabe — do mais fino refinado. Três libras, não! Seis livras de pão de rala e duas de fina manteiga inglesa. (*Andando para uma e outra parte*). Troleró, troró! Agora sei que sou mesmo um Manuel José Taquarião! Só me faltam as cartas, e as parceiras! (*Apalpa as algibeiras e tira um baralho*).

Fernando (*à parte*) — Estou otimamente servido de criado e companheiro! Não tenho, sinto — um guindaste para lhe suspender a pança!

Gabriel (*depois de haver examinado o baralho com atenção; para o amo*) — Pensei que não tinha trazido. Está ótimo! Vamos a uma primeirinha? (*Batendo no baralho*). Heim? Heim? (*Tocando-lhe no braço*). Então? Vamos, ou não vamos!?

Fernando — Tu és o diabo em figura de bicho. (*Batendo-lhe na pança*).

Gabriel — Ai! não me fures, que eu tenho um filho de seis meses arranjado pela Sra. D. Luduvina, aquela célebre parceira que o Sr. meu amo melhor que eu conhece... visto que passou as mais apreciáveis noites com... ou... etc. etc.

Fernando (*batendo-lhe na boca*) — Ó diabo! Não descubras esse segredo! Se não, são capazes os amigos dela de me porem na cadeia!

Gabriel (*à parte*) — Por isso é que muitas vezes eu chupo-lhe o dinheiro, faço d'amo! Tem segredos, que eu sei; e que ele não quer que sejam revelados! Fernando — Então, Galdino! Encheste o teu pandulho desde (*bate-lhe na bunda, que é tão bem formidável, e na barriga*) esta extremidade até esta!

Gabriel — Ai! ai! seu diabo! Não sabes que ainda não botei as páreas do que pari por aqui! (*Apalpa a bunda*).

Fernando — E, entretanto, de mim não te lembraste, gordo! Vai me buscar uma xícara, anda!

Gabriel — Oh! Pois não! (*Pulando; e dando voltas*). O meu amo sabe dançar a chula? (*Olha para os calcanhares*). E ainda me faltam as esporas; senão, havia eu de fazer o papel mais interessante que se tem visto! Nem o Juca Fumaça era capaz de me ganhar em levianeza e linda graça! (*Continua a dançar a chula*).

Fernando — Este diabo (*à parte ou para um lado*) não vai me buscar café! Então? Vais ou não vais!?

Gabriel — Ah! quer café! Já vou! (*Dá mais duas ou três voltas, e entra por uma porta, pela qual torna a vir logo depois*).

Fernando — Que tal estará o café deste gordo?

Gabriel — Eis aqui! Está melhor que o chocolate da velha Teresa lá do Caminho Novo em que não há senão velhas tabaqueiras ou espirradeiras, que na frase dos rapazes são tudo e a mesma cousa!

Fernando (*pagando a xícara e levando-a aos lábios*) — Fum! Fede a rato podre! E tem gosto de macaco são! Que porcaria! Pega; pega! (*Atira-lhe com o café à cara*).

Gabriel (*limpando-se todo*) — Não precisava fazer-me beber pelos olhos! Já estava farto de derramá-lo pela cara. Agora arrumo a xícara.

Fernando — Quem sabe se o fétido e o gosto provêem da xícara!? Pode ser! Para não tornar a ter destes prazeres... (*atirando*) quebrarei as pernas deste pançudo! (*Atira xícara e pires pernas do criado*).

Gabriel — Ó diabo! Quase me quebras as pernas! Mas ficou sem o casal da xícara! O que me vale (*à parte*) é que por eu há muito já o conhecer, mandei o ano passado forrá-las de aço no ferreiro das encomendas, que mora lá por trás das vendas, na rua das contendas!

ATO II
Cena I

Luduvina (*mulher de Gabriel Galdino, velha feia e com presunções e ares de feiticeira*) — Graças a Deus que já se pode vir a esta sala (*Olhando para o chão*). Oh! Cacos! Que barulho haveria aqui! Quem quebraria esta louça! Querem ver que meu marido, o Sr. barrigudo e bundudo, que pelas nádegas (*e se espera que faça o mesmo pelo umbigo*) andou brigando com o amo, que uma outra das mais raras esquisitices que se há visto sobre a Terra! Nem foi outra cousa! Deixem-[n] os por minha conta; hein de pôr-lhes freios e lei, e em toda a sua grei!

Gabriel (*entrando*) — Oh! Minha querida Luduvina! Levantei-me a sonhar como um sonâmbulo. Agarrei-me primeiro a uma janela, pensando que era a Sr.! Depois a uma talha, ainda com a mesma ilusão! E ultimamente a uma música chamada cavatina, pensando sempre que era a Sra. D. Luduvina!

Luduvina — O Sr. é muito gracejador! Quem o manda dormir tanto! Por que não faz como eu, que me atiro do mar, ponho-me no ar!? Sabe que mais? (*Pondo o dedo em frente ao rosto dele, como ameaçado*). Se quiser continuar a ser meu, há de primeiro: Levantar-se de madrugada, senão à do galo primeira cantada! Segundo; banhar-se dos pés à cabeça, e esfregar-se com fino sabão inglês ou sabonete. Terceiro; alimentar-se três vezes ao dia; e de comidas simples e brandas; como por exemplo: uma xícara de chocolate para almoço com uma fatia ou alguma massa fina torrada ou não; um ou dous pedacinhos de galinha ou cousa idêntica, para o jantar, e quando muito mais (*o que não julgo necessário*) — um cálix de vinho superior, ou uma xícara de café, ou de chá. À noite - qualquer líquido destes como ceia. O melhor de tudo é tomar uma só bebida para almoço, e para ceia; e para o jantar tão bem um só pratinho com um cálix de vinho, ou uma xícara de café, no primeiro caso se for com carne, no segundo se for...

Gabriel — Agora acabe! Depois da ceia, diga O que havemos de fazer? Em que me hei de entender!?

Luduvina — De noite, depois do chá... já se sabe (*abraçando-o*), vamos para a cama dormir quentinhos! Fazer alguns... alguns filhinhos. Sabe, não? Entende o que eu quero dizer? Endente; entende; o Sr. não é nenhum ignorante.

Gabriel — Estás gaiata; gaiatíssima. Pois não basta a nossa filha Esméria para nos entreter!? Ainda queres mais filhinhas!?

Luduvina — É porque eu sempre gostei...

Gabriel — Mas isso era no tempo de moça; agora estamos velhos...

Luduvina — A mulher nunca é velha! E o homem sempre é moço.

Gabriel — Ora explique-me Sra. Pulquérrima, a sua asserção; eu não entendo bem.

Luduvina — Visto que me troca o nome, eu lhe trocarei o chapéu. (Tira o que ele tem na cabeça e põe-lhe outro mais esquisito). O nome que me deu, regula com o chapéu, que eu lhe — ponho: e dê graças a Deus não o deixei com a calva à mostra!

Gabriel — Já agora estarei por tudo. Casei-me de fato com a Sra.; não há remédio (*à parte*) senão aturá-la...

Cena II

Fernando (*entrando*) — Oh! Que é isto? O Sr. acompanhado aqui desta dama!

Gabriel — Pois quem tem? Sim; sabe... o meu casamento... sim; o Sr. ignora! Tem razão!

Fernando — Pois o Sr. é casado!?

Gabriel — E até tenho uma filha chamada Esméria.

Fernando (*olhando para um lado*) — E esta! O meu criado; e já com uma filha.

Gabriel — Sim, Sr. Sim, Sr. E por isso mesmo far-lhe-ei em breve as minhas despedidas!

Fernando — Ainda mais esta! Fala-me em despedida! (*Pausa*). E depois quem me há de servir, se me faltar este pançudo barrigudo!

Esméria (*entrando*) — Sua bênção, meu pai.

Gabriel — Oh! Bem-vinda, minha querida!

Fernando — Onde diabo, em que casa tinha [s] tu metido a mulher, e este anjo de bondade!? Tão escondidos ou bem guardados, que eu nunca pude saber que existiam!?

Gabriel — Não me convinha; porque sei quanto o Sr. é amigo de alheias mulheres! E se a minha Esméria é um anjo de bondade, a minha Luduvina é uma santa de maldade!

Fernando (*muito zangado*) — Todos têm mulher. (*Puxando os cabelos*). Isto é o diabo! É o diabo! E é o diabo. Onde irei eu buscar, achar uma que me agrade! (*De repente, para Gabriel Galdino*): Amigo, dás-me a tua filha em casamento!? (*Pondo--lhe a mão no peito*). Se má dás, hoje mesmo, meu caro, ela será minha mulher!

Gabriel — A minha Esméria é um anjo de bondade; só se o Sr. se sujeitar a todos os preceitos que ela lhe impuser!

Fernando — Mas que diabos de preceitos são esses!? Pois tu não me conheces? Não sabes quanto eu sou franco e generoso; cavalheiro e...

Gabriel — Sei; sei de tudo isso! Mas eu não quero fazê-la infeliz! O Ilmo. Sr. Dr. Fernando há de ser uma espécie, ou um verdadeiro criado fiel de minha filha; e há de declará-lo em uma folha de papel, escrita por tabelião e assinada pelo juiz competente; o dos casamentos ou dos negócios civis. Etc. etc. e etc. Com a satisfação de todas estas condições, ou seu preenchimento, a minha muito querida filha, se quiser, será sua mulher. Fora delas, ou sem elas, não falaremos, não trocaremos mais sobre tão melindroso assunto.

Fernando (*à parte*) — E o caso não julgado é verdade — que estou pela menina apaixonado; e que por isso mesmo não terá remédio o Sr. Fernando, senão a tudo se ir sujeitando. Assim é que me servia o meu futuro sogro; há mais de seis meses sem que eu soubesse que era casado, e que tinha filha! Foi realmente um mistério. E dizem-me que não aparecem ou não se vêem milagres no tempo presente.

ATO III
Cena I

Luduvina (*criada da Almeida Garrett*) — Depois que este meu amo se associou ao Sr. Fernando de Noronha que este se casou com Sra. D. Esméria, filha de um velho criado deste; e finalmente, depois que se juntou certa câmara ótica de maridos, mulheres, genros, criados ou quiabos, anda esta casa sempre assim! Ninguém os entende! Se vai servir à Sra. D. Luduvina, eis que se ouve a voz do Sr. Fernando de

Noronha, gritando Luduvina! Luduvina! Traz-me as botas! Se está servindo ao Sr. Dr. Fernando, eis que me chama a Sra. D. Esméria: — "Luduvina! Luduvina! Toma este recado e vai levá-lo à casa de minha prima Hermenêutica". Finalmente, se estou servido a qualquer destes, eis que o Sr. Gabriel Galdino, criado outrora malcriado, barrigudo, bundudo, grita: "Dá cá de lá os chinelos, que estou com os óculos na cabeça!". Enfim, é o diabo! É o diabo! Muito desejo ver-me livre desta casa, em que seis ou oito meses de serviço já me fedem! Ainda que me não queiram pagar, quando não o pensarem hão de me ver raspar! (*Entra Almeida Garrett, Gabriel Galdino e Fernando de Noronha*).

Gabriel Galdino — Com todos os diabos! Estou hoje com tais disposições de avançar a corações, que se tu não fosses casada (*pondo a mão em Luduvina*), protesto que não escaparias!

Luduvina — Como o Sr. está engraçado! Pensa que mesmo sendo, e que mesmo não sendo, eu havia de ceder aos seus desejos brutais, sabendo principalmente que é casado, atoleimado, foi criado e que tem filhos!? Está; está - muito e muito enganado!

Fernando de Noronha — Oh! Sr. Gabriel Galdino, isso não é cousa que se faça às escondidas de alguém. Eis porque não há criados que queiram servir-nos (*Com força*). Isto envergonha! Envergonha, e faz afastar de nós todos os criados e criadas que há em toda esta cidade! É esta a décima oitava que para aqui vem; e que não tardará a deixar-nos! Se o Sr. não mudar de comportamento, estamos todos perdidos! Teremos em breve de nos servimos com as nossas próprias mãos!

Garrett — Ainda será bom se nos servimos só com as nossas mãos! Se nos for necessário servimo-nos com os nossos pés!

Gabriel Galdino — Não — toleirões! Eu estava apenas brincando. Queria ver a que ponto chegava a pudicícia da nossa encantadora e amável servidora — Luduvina Antônia da Porciúncula. (*Fazendo menção de abraça-la, ela afasta-se um pouco como receosa*). Não receies, minha Menina; se voz desse um abraço — seria de amizade, ou igual àqueles que os Pais dão nos filhos; as mães nas filhas; etc. etc.

Fernando — Luduvina, já preparaste o que te disse de manhã que queria?

Luduvina — Como havia de preparar, se eu não me posso voltar nem me mexer para lado algum!? Se me volto para direita, sou chamada da esquerda; se para a esquerda, incomodada pela direita; e finalmente pelos flancos, retaguarda e vanguarda; sempre e sempre chamada, incomodada e flagelada!

Fernando — Em vista disso, irei eu mesmo preparar! (*Sai muito zangado, mas para- se na porta*).

Garrett — E as minhas camisas, calças e ceroulas — já aprontaste? Luduvina — Não tenho tido tempo nem para coser os meus vestidos, quanto mais a sua roupa!

Garrett — Uma criada assim, não sei para que diabo pode servir! (*Vai a sair e esbarra-se com Fernando de Noronha, que até então se acha sério e firme, como um soldado de sentinela em frente do inimigo*).

Fernando — Alto lá! Aqui ninguém passa. Ponha-se aí ao lado, e firme como um soldado. Quero ver até ponto chega a audácia desta criada! (*Garrett perfila-se ao lado direito*).

Gabriel Galdino (*com palavras muito ternas ou açucaradas*) — Então, minha queridinha?

(*Aproxima-se a ela*) Nem beijinho me dás, nem uma boquinha, nem um abracinho, nem ao menos um volver desses olhos estrelados!

Luduvina (sorrindo-se) — Ora, nunca pensei que o Sr. fosse tão audaz!

Gabriel — Pois é audácia pedir-se aquilo de que se tem necessidade!?

Luduvina — Vá procurar a sua mulher, e com ela faça o que quiser! Gabriel — E se ela não quiser, o que hei de eu fazer!?

Luduvina — Ter paciência, fazer-lhe continência!

Gabriel — Então além de me negar aquilo que me deve dar, ainda hei de ter paciência e fazer-lhe continência!?

Luduvina — E que remédio o Sr. terá, senão assim proceder, ou humilhar-se!? Se o não fizer, ela o ferirá; o Sr. há de morrer, ou ela se matar!

Gabriel — Em vista disso, adeus minha queridinha; adeus! (*Vai a sair e encontra o mesmo obstáculo como Garrett*).

Fernando (*para Gabriel Galdino*) — Alto, frente! Tome a esquerda e perfile-se!

(*Desembainhando a espada por detrás*).

(*Gabriel toma a esquerda e perfila-se*)

Luduvina — Que farão os três pandorgas (*Passando e vigiando-os ora com o rabo de um, ora com o rabo de outro olho*). Que esperarão eles! Pensarão mesmo que me hão de continuar a maçar!? Estão bem servidos! Eu componho; eu agora mostro-lhes o que é a força de uma mulher, quando esta está a tudo resolvida, ou mesmo quando apenas quer mangar com algum homem! (*Puxa, passeando, um punhal que ocultava no seio e conserva-o escondido na manga do vestido*). Estes (*à parte*) meus amos são uns poltrões; eu faço daqui carreira, faço brilhar o punhal; eles. Ou me hão deixar passar livremente, ou caem por terra mortos de terror; e não só por serem uns comilões, uns poltrões, também porque... não direi, mas o farei! (*Volta-se repentinamente; faz brilhar o punhal; avança-se para eles; os dos lados caem cada qual para seu lado, e o do centro para diante; ela salta em cima deste, volta-se para o público e grita levantando o punhal!*) Eis-me pisando um homem, como um carancho [a] um cavalo morto! Quando a força da razão, do direito e da justiça, empregada por atos e por palavras, não for bastante para triunfar, lançai mão do punhal... e lançai por terra os vossos indignos inimigos, como fiz e vedes a estes três algozes! (*Desce o pano, passados alguns minutos. E assim finda o terceiro Ato*).

ENTREATO

Jerônimo de Avis (*entrando com flauta e três tocadores, com vários instrumentos*) — Lá vai! (*Sopra a flauta; e esta não dá mais que um assovio destemperado; sopra com mais força, — sucede o mesmo, ou ainda pior. Muito ansiado, querendo desculpar-se*): Senhores, deu o tétano na minha flauta! Desculpem; desculpem!

Os Outros — Qual desculpa, nem desculpa! Embaçou-nos, agora há de aprender a tocar todos os instrumentos. (*Caem-lhe em cima com eles; ele defende-se com a flauta; de uns e de outros; e assim que pode corre a safar-se. Os outros fingem persegui-lo; ele procura escapar-se e não pode, dando também em uns e em outros com a flauta, dizendo-lhes*).

Jerônimo de Avis — Paguem as lições que lhe dei ensinando-os a tocar flauta. (*Neste ato e barulho, deve pouco a pouco ir descendo o pano*).

QUADRO

Aparecem todos; cantam — e dançam mascarados; de violas, tambores, flautas, rabecas e violões — os seguintes versinhos:

> Minha Musa está vazia, de tanto haver dado à tia! Minha rabeca não canta, nem o violão descanta! Trai, larai; tri, lari, Lari; trai, larai, tri lari Larou...
>
> (*Repete-se*).
>
> Minha viola está zangada, por não ter mais uma corda; dela a flauta discorda;
>
> E assim — só desagrada!
>
> Trai, lari; tri, lari, Lari; trai, larai, tri lari Larou...
>
> Minha rabeca assovia; com esse rouco violão, Não faz boa harmonia: Hei de ver melhor baixão!
>
> Trom larom,
>
> Larom larom larom; Trom larom larom Larau lau lau... (*Repete-se*).
>
> Meus tambores estão rotos! Que fazer deles — não sei! Hei de vendê-los ao Rei, Cobertos de peles d'escrotos!
>
> Trom, larom, larom, Larau lau lau; trom, larom, Larau, larau, lau lau!... (*Repete-se*).

Minha flauta já não toca, mas apenas — assovia! — Se não melhorar na pia, — Hei de mandá-la à taboca!

Drom, larom, larom,

Larim lau lau, drom, Larom. Lari, lari, larom! (*Repete-se*).

Cantados e repetidos estes versos por duas ou mais vozes, dançando-se e tocando-se chóteze, cada um canta os que dizem respeito ao instrumento que toca.

Termina o Quadro; e com ele a comédia, do seguinte modo:

O Flautista (*Para os outros*) — Srs.! Silêncio! O mais profundo silêncio! Vou tocar a mais agradável peça, e de minha composição, que se possa ter ouvido no planeta que habitamos! Ouçam! Ouçam! (*Todos ficam silenciosos; e põem os instrumentos debaixo do braço esquerdo. O Flautista, levando a flauta à boca*).

Fi......... u......... (*Desce o pano*).

Fim do Quadro e da Comédia.

Por: José Joaquim de Campos Leão — Qorpo-Santo
Porto Alegre, junho 6 de 1866

A WHISTLING

A comedy in 3 acts and one tableau

Characters

Fernando Noronha
Gabriel Galdino
Almeida Garrê
Jerônimo Avis
Luduvina
Esméria
Rosinha
Coriolana
Three music players.

The scenes take place in Paris.

ACT I
Scene I

FERNANDO (*walking around and hitting his own forehead*) — I don't know what the hell I have in this mind of mine! Not even St. Cosmas[14], who is of my particular devotion would guess what goes on in my nogging! What is true, however, is that every day, every hour I say new prayers; and every hour and every day I shirk the duties that I impose on myself in such appeals! (*Calls for someone*) Gabriel, Gabriel, what on earth are you doing on that stove to which you've been glued for more than two hours! Are you gnawing on the bricks certain they are made of guava jam? Ugh! Ugh!! What a gastronome you

[14] Translator's note: Saints Cosmas and Damian, twin brothers, died around 300 A.D. It is believed that they were doctors, and their sanctity is attributed to the fact that they practiced medicine without charging for it, out of charity. They were devoted to faith and helping children and people in need.

are! You are capable of... I'm scared... You are capable even of gnawing on my old coat! (*Suddenly picking his nose, he takes a booger out, looks at it and screams*) Oh! Hell! You ate even a bit of my nose while I was sleeping yesterday! Gabriel! Gabriel!

GABRIEL — I'm right here! So (*from within*) why are you calling me this much? Go to hell! You are the naughtiest master I have ever seen! Heavens! Holy Mary! I'm coming, I'm coming! Let me first have my fair share of coffee; and I'm taking it because I'm freezing cold! I'm frozen! Would you like me to melt? Hold your horses! Hold your horses!

FERNANDO — May the Devil take you to the depths of hell! You keep drinking coffee from dawn to dusk! Get lost, spirit of evil!

GABRIEL (*coming into view*) — Well, thank God and my master! I've cut off my relationship with the Devil. (*Touching and lifting his belly*). My paunch is smaller than that of a donkey or a plowing ox! That is nothing. (*walking towards his master*), it is here .God only knows how long it has been (*laughing*). Two coffee kettles; four pounds of sugar... you know — the finest refined sugar. Three pounds, no! Six pounds of thin bread and two of fine English butter. (*Walking back and forth*). Hah! Hah! Now I know I am really Manuel José Taquarião! I only need the cards and the female partners! (*He feels his pockets and takes out a deck of cards*).

FERNANDO (*apart*) — What a servant and companion I am being attended by! Sorry, I don't have a crane to lift your paunch!

GABRIEL (*after having examined attentively the deck of cards; to his master*) — I thought I hadn't brought it with me. Great! Shall we play now? (hitting the deck of cards) Huh? Huh? (*Touching Fernando on the arm*) Well, shall we or shan't we?

FERNANDO — You are the Devil in the shape of a beast. (*Hitting his stomach*).

GABRIEL — Oh! Don't pierce me! I have a six-month-old son born to Mrs. Luduvina, that famous partner that you, my master, know better than me... for you have spent the most enjoyable nights with... or... etc. etc.

FERNANDO (*hitting him on the mouth*) — Oh devil! Do not uncover this secret! Otherwise, her friends might throw me in jail!

GABRIEL (*apart*) — Oh, that is why many times I sponge some money off you! You have secrets; I know that. And you don't want them to come out!

FERNANDO — So, Galdino! You have filled your tummy (*hits him on his formidable bum, and on his belly*) from one end to the other!

GABRIEL — Ah! Ah! You, devil! Don't you know that I have lost account of all I have begotten here? (*He feels his butt*).

FERNANDO — And, even so, you didn't remember me, you fatso! Go and fetch me a cup of coffee!

GABRIEL — Oh! Of course. (*Jumping and walking around*) Does my master know how to dance the chula[15]? (*Looks at his heels*). And I still need my spurs; otherwise, I would play the most interesting role you've ever seen! Not even Juca Fumaça could outdo me in nimbleness and grace! (*Continues dancing the chula*).

FERNANDO (*apart or to one side*) — Won't this fatso get me some coffee? Well, are you going to get it or not!?

GABRIEL — Oh, you want coffee! I'm going to get it. (*He twirls two or three times, and goes through a door, and through it comes get back*).

FERNANDO — What will this coffee be like?

GABRIEL — Here you are. It is better than old Teresa's chocolate from the New Way where there is nothing but old tobacco makers or oleanders, which the young people say is all the same thing!

FERNANDO (*taking the cup to his lips*) — Humpf! It stinks like a dead rotten rat! And it tastes like a healthy monkey! What a piece of crap! Take it, take it! (*He throws the coffee on the servant's face*).

GABRIEL (*cleaning himself up*) — You didn't need to make me drink it with my eyes! Having it spilled all over my face was more than enough!

---

[15] Chula is a typical Portuguese dance that was taken to the South of Brasil: quick movements and a marked rhythm, performed preferably by men. Chula is very similar to Lundu tap dancing, found in other Brazilian states. The chula of Rio Grande do Sul State derives from the Portuguese chula.

FERNANDO — Perhaps the awful smell and taste come from the cup? Maybe! Not to enjoy such pleasures any longer (*throwing the cup at him*) I will break the legs of this chubby thing! (*He throws the cup and the saucer at the servant*[16]*'s legs*).

GABRIEL — Oh my God, you nearly broke my legs! But you've been deprived of your cup and saucer! (*Apart*)Thank goodness I've known him for a long time; that is why last year I had them lined with steel at the blacksmith who lives behind the general stores in the street of your contentions!

ACT II
SCENE I

LUDUVINA (*Gabriel Galdino's wife, an ugly and haughty old woman with the countenance of a sorceress*) — Thank God we can now come to this room (*Looking at the floor*). Oh! Shards! What noise there was here! Who would have broken this crockery! I bet that my pot-bellied and big-assed husband did it! He must have been fighting with his master, who is another rare oddity that we can find on Earth. For sure, this is what happened! Leave them to me; I'll put a bridle on them and make them and their bunch comply with the law when it comes to the crunch.

GABRIEL (*coming in*) — Oh! My dear Luduvina! I got up like a sleepwalker. First, I grabbed a window, thinking it was you! Then, I grabbed a pitcher, still under the same illusion! And then my brain got glued to a song, a kind of cavatina, always thinking it was you, Dona Luduvina!

LUDUVINA — You are a real joker! You sleep far too much! Why don't you do like me, by throwing yourself into the sea and up in the air to be free? You know what else? (*Pointing her finger to his face, as if threatened*). If you really intend to continue being mine, you must first: get up at dawn as soon as the rooster crows! Second: bathe from head to toe and rub yourself with a fine English soap. Third: eat three times

[16] At the time of the writing of this play and of all the works by Qorpo-Santo, slavery was lawful in Brazil and the government was still a constitutional monarchy rooted in slave labor and inequality of rights.

a day plain and blank food such as a cup of cocoa for lunch with a slice of some toasted or untoasted bread; one or two bits of chicken or something similar, for dinner, and at most (*which I do not consider necessary*) a cup of the best wine, or a cup of coffee or tea. At night any of these liquids will do as supper. The best bet is to have just one drink for lunch and one for supper — and for dinner just a small plate with a glass of wine, or a cup of coffee, in the first case, if you have some meat; or in the second case if it's...

GABRIEL — Now be done with it! After the supper, tell me, what shall we do? How can I understand all this?

LUDUVINA — At night, after tea... you already know it (*hugging him*), we will go to a warm bed to sleep together! We'll make some children... some little children. You know what I mean, don't you? Don't you? Yes, yes, you do; you are a smart gentleman.

GABRIEL — You are a naughty woman; really naughty. Isn't our daughter Esméria enough to entertain us? And you still want more kids?

LUDUVINA — I've always liked kids...

GABRIEL — But this was true when you were younger; now we are both old...

LUDUVINA — A woman is never old! And a man is forever young!

GABRIEL — Well, explain this to me, Madame Pulquérrima; I don't quite understand you.

LUDUVINA — The same way you change my name, I will change your hat. (*She takes the one he has on and puts another still weirder hat on his head*). The name you've given me matches the hat I'm putting on your head now. And thank the Lord I haven't let your baldness show!

GABRIEL — Now I see it clearly. I am indeed married to you. There is no way out other than putting up with you...

SCENE II

FERNANDO (*coming in*) — Oh! What is this? Who is this lady?

GABRIEL — Well... what is the big issue? Yes, you know... my marriage; yes; you just ignore it! Right you are.

FERNANDO — So you are married?

GABRIEL — Yes, I am; and I even have a daughter called Esméria.

FERNANDO (*looking aside*) — Oh, that was all I needed! My servant already has a daughter.

GABRIEL — Yes, Sir, yes, Sir. And this is why I shall soon bid you farewell!

FERNANDO ——And I see there's still more! You're talking of goodbyes! (*Pause*). And then. Mister big tummy, who will serve me when you are gone?

ESMÉRIA (*coming in*) — Your blessing, my father.

GABRIEL — Oh! Welcome, my darling!

FERNANDO — Where the hell had you settled your wife and this sweet angel? So well hidden, so well-guarded that I could never have imagined they existed!?

GABRIEL — It wasn't a good idea, because I know how you like other men's women! And if my Esméria is such an angel of kindness, my Luduvina is a saint of wickedness!

FERNANDO (*very angry*) — Every man has a wife. (*Pulling his own hair*). Hell! Hell! Where can I find one that suits me? (*Suddenly, to Gabriel Galdino*). My friend, will you give me your daughter in marriage!? (*Putting his hand on his chest*) My dear friend, if you do, she will be my wife today!

GABRIEL — My Esméria is an angel of kindness; I'll do it only if you subject yourself to every rule she imposes on you!

FERNANDO — But what on earth are these rules? Don't you know me? Don't you know how honest and generous I am? I am a gentleman and...

GABRIEL — I do; I know all that! But I don't want her to be unhappy! You, my most honorable Mr. Fernando, will be a kind of true and faithful servant to my daughter; and you will declare it on a document at a notary office and it will be signed by the relevant Justice of Peace or the Judge of Civil Affairs, etc., etc., etc.; after meeting all these conditions, my beloved daughter will be your wife. Otherwise, we will no longer talk about such a touchy matter.

FERNANDO (*aside*) — And the untried case is true: I'm in love with the girl; and there will be no remedy, except for you to subject yourself to everything. This is how my future father--in-law would serve me — for more than six months without my knowing he was married and had a daughter! It was really a mystery. And people say that miracles do not exist or that miracles do not happen in the present times

ACT III
SCENE I

LUDUVINA (*Almeida Garrett's maid*) — After this master of mine formed a partnership with Mr. Fernando de Noronha and married Dona Esméria, the daughter of an old man servant of his; and after he joined a certain coterie of husbands, women, sons-in-law, servants or currants, this house is always like this! Nobody understands anyone! If you are attending to Mrs. Dona Luduvina, you hear Mr. Fernando de Noronha, shouting, Luduvina! Luduvina! Bring me my boots! The moment you are serving Mr. Fernando, Dona Esméria calls: "Luduvina! Luduvina! Take this message to my cousin Hermeneutics." Finally, if I am attending any of these, there comes Gabriel Galdino, a formerly naughty, pot-bellied, big-assed servant, shouting "Give me the flip-flops; I have my glasses on my head!" Anyway, it's hell! It's hell! I really want to leave this house, after six or eight months of foul service! Even if they don't want to pay me, when they least expect it, they'll see me vanish into thin air! (*Enter Almeida Garrett, Gabriel Galdino and Fernando de Noronha*).

GABRIEL GALDINO — The devil with you! Today I am inclined to win hearts; if you weren't married (*touching Luduvina*), you would not escape my advances!

LUDUVINA — How droll you are, Sir! Do you think that whether I am married or not, I should give in to your brutal desires, when I know very well that you have already tied the knot, that you are a nought and that you have kids!? Oh, how sorely mistaken you are!

FERNANDO DE NORONHA — Oh! Mr. Gabriel Galdino, this is not to be done in secrecy! That's why no servant wants to serve us (*with intensity*). This is shameful! It's shameful and keeps all servants and maids away. This is the eighteenth time that you have come here and won't take long to leave us. If you don't change your behavior, we will be all doomed! We will soon have to serve ourselves with our own hands!

GARRETT — It won't be so bad if we serve ourselves with our hands only! It will be bad enough if we have to serve ourselves with our feet!

GABRIEL GALDINO — No, you fools! I was kidding. I just wanted to see how prudish our lovely and kind servant — Luduvina Antônia da Porciúncula could be. (*He tries to hug her, but she retreats a bit as if she were afraid*). Fear not, my child; if I gave you a hug, it would be one of friendship, or like those fathers or mothers give to their children; etc., etc.

FERNANDO — Luduvina, have you prepared what I told you I wanted this morning yet?

LUDUVINA — How am I to prepare it if I can't move around at all!? If I move to the right side, I am called by the left one; if I move to the left, I am bothered by the right; in short, I am bothered from all sides — right flank, left flan, rear and front; always and always called, bothered, and badgered!

FERNANDO — In light of this, I will see to it myself! (*leaves angrily but stops by the door*).

GARRETT — And what about my shirts, my pants, and my underwear — are they ready?

LUDUVINA — I haven't even had time to sew my dresses, let alone your clothes!

GARRETT — A maid like that isn't any good! (*Starts to leave but bumps into Fernando de Noronha, who then shows a grave and firm countenance, like a soldier on guard against the enemy*).

FERNANDO — Stop there! No entry here. Stand there aside as firm as a soldier. I want to see how far this servant's audacity can go! (*Garrett stands to the right side*).

GABRIEL GALDINO (*with very tender or sugary words*) — So, my darling? (*He gets closer to her*). Can't you at least give me one single little kiss, or a little pout or a little hug, or even a little turn of these starry eyes?

LUDUVINA (*smiling*) — Why, I could never imagine you were so brazen!

GABRIEL — Well, is it brazenness to ask for what one needs!?

LUDUVINA — Go find your wife and do with her as you please!

GABRIEL — And what if she doesn't want to? What should I do then?

LUDUVINA — Show her that you are patient and obedient!

GABRIEL — So in addition to denying what she is supposed to give me, I still need to be patient and obedient?

LUDUVINA — And which alternative do you have other than doing this or humiliating yourself? Otherwise, she'll hurt you; and you will die, or she may kill herself!

GABRIEL — In light of this, farewell, my darling; farewell! (*He is about to leave when he meets Garrett as an obstacle*).

FERNANDO (*to Gabriel Galdino*) — Halt! Ahead on your left and stand to attention! (*Unsheathing his sword from behind*).

(*Gabriel takes the left and stands to attention*)

LUDUVINA — What will the three fools do (*passing by and watching them now with the corner of one eye, now with the other*). What are they waiting for! Are they really thinking they can continue to pester me!? Well, they are dead wrong! I am the one who holds the cards; I will show them the strength of a woman, when she is determined to do anything, or even when she just wants to flirt with a man! (*As she walks around, she pulls a dagger she was hiding in her breast and is keeping hidden in the sleeve of her dress*). These (*apart*) masters of mine are real cowards; I'll show them the shining dagger. Either they will let me go freely, or they will fall dead in terror to the ground, and not just because they are a pack of gluttons, but also because... I won't say it, but I do it! (*He turns around suddenly; the dagger shines; she advances towards them; the ones on the side fall and the one in the center falls* *forward; she jumps on top of him, turns to the audience and shouts, raising the dagger*!) Here I am stepping on a man, as if he were a dead horse! When the power of reason, of the law and justice, expressed by deeds and words is not enough to triumph, let us use the dagger... and strike down our most unworthy enemies, as I've done, and you can see, to these three tormentors! (*The final curtain comes down after a few minutes. And this is the end of Act 3*).

INTERMISSION

JERÔNIMO DE AVIS (*coming in with a flute, accompanied by three players holding an assortment of instruments)* — Off we go! (*He plays the flute; which echoes nothing more than a ridiculous whistle; he then blows with more vigour, and the same thing happens or even worse. Eagerly, he means to apologize*): Gentleman, my flute is suffering from tetanus! I'm sorry, I'm deeply sorry!

THE OTHERS — Are you apologizing? No, we don't accept any apology! You've confounded us and now you have to learn to play all the instruments. (*They hurl the instruments onto him, who defends himself with his flute; as soon as he can, he runs away. The others pretend to be chasing him; he tries to escape but cannot, and hits them with his flute, saying*).

JERÔNIMO DE AVIS — Pay for the flute lessons I've taught you (with this confusion and noise, the curtain must fall gradually.

TABLEAU

All masked, they appear; they dance, sing, and from violas, drums, flutes, fiddles, and guitars — the following verses arise:

> My Muse is now useless,
> So much demand from my aunt, I confess!
> My fiddle doesn't sing,
> Neither does the guitar any sound ding!
> Clank, clink, plink, tinkle,
> Twang, tinkle, clank

Clanked...
(*Repeated*)

My guitar is irritated,
She has not one string left;
But the flute is still really deft;
And thus I am exasperated!

Clank, clink, plink, tinkle,
Twang, tinkle, clank
Clanked...

My fiddle whistles;
With this hoarse guitar,
Its sound is a piffle:
No sound is so bizarre!

Clank, clink, plink, tinkle,
Twang, tinkle, clank
Clanked...
(*Repeat*)

My drums are all stinking!
What to do with them — I am lost!
Sell them to the King at a low cost,
Scrotum skin covered? — they are sticking.

Clank, clink, plink, tinkle,
Twang, tinkle, clank
Clanked...

My flute no longer sounds nice,
It does nothing but hiss!
If it does not stop doing this,
I will send it to the mice!

Clank, clink, plink, tinkle,
Twang, tinkle, clank
Clanked...
(*Repeat*)

These verses are sung and repeated by two or more voices, with dancing and playing; each one of them sings to the sound of the instrument they play.

The tableau draws to a close; and with it, the comedy ends as follows:

The flutist (*to the others*) Gentlemen! Silence! The deepest silence, please! I will play the most pleasant piece — of my own composition — that has ever been heard on the planet we inhabit! Listen! Listen! (*All are silent and put their instruments under their left arm. The Flutist, taking the flute to his mouth*).

Fi.........u......... (*Curtain*)

The end of the tableau and the comedy.

By: José Joaquim de Campos Leão — Qorpo-Santo
Porto Alegre, June 6, 1866

DUAS PÁGINAS EM BRANCO

Apontamentos para uma comédia

PERSONAGENS

Mancília
Esterquilínia
Espertalínio da Porciúncula
Cavalcanti e Melro, professor
Rocalipsa, avó das moças
Isolina, menina
Pedro
Paulo
Lagartixa, soldado
Um guarda
Tenente
Soldados

ATO I
Cena I

Aparecem duas moças, uma assentada sobre uma mesa, outra em uma cadeira; uma luz em cima daquela; e um moço em pé, ensinando a que está assentada.

Chamaremos a uma — Mancília, à outra — Esterquilina; ao moço, Espertalínio.

ESPERTALÍNIO (*pegando na 'mão da discípula'*) — Minha menina, pegue melhor na pena; a Sra. não está bem assentada (*endireitando-lhe o corpo*), endireite mais o braço (*pegando neste*). Esta letra não está bem caracterizada; mais assim; esta haste saiu muito grossa; tome tinta; saiu muito bonita esta figura; agora, sim, já vai moscando algum adiantamento.

MANCÍLIA — Ela sempre teve muito boa memória; é, é muito dócil; por isso há-de sempre fazer progressos; e assim tem sido!

ESPERTALÍNIO — Tem, porém, minha querida prima, esta nossa prima um grande defeito: sabe qual é?

MANC. (*descendo da mesa, sorrindo-se*) — Qual é?

ESPER. — Pois ainda não sabe?!

MANC. — Não.

ESPER. — É ter muito de formosa, muito de simpática, assaz de agradável e muitíssimo de amável. (*As duas sorriem-se; Mancília com estrondo*).

ESTERQUILÍNIA — Com tal mestre, ainda que eu não quisesse, havia de aprender muito e muito bem!

ESPER. — Estimo, e muito, que aprenda muito; e muito bem. Porém, parece-me uma parvoíce — vir cá todos os dias, ou todas as noites, instruí-la, podendo prepará-la em nossa casa (*repetem-se às gargalhadas*).

ESTER. — Cada vez o acho melhor; é muito difícil encontrar-se tanto e tão bom?

MANC. (*disfarçando*) — Estou hoje muito pouco disposta; sinto-me com as ideias algum tanto transtornadas… Não sei o que é que as ocupa… o que tenho.

ESTER. — O que tu tens eu sei (abanando a cabeça); é… bem sei o quê.

ESPER. — Isso é próprio nas moças que estudam; há dias em que têm as ideias claríssimas; há outros em que estão algum tanto turbas ou obtusas; outros em que a lembrança dos apaixonados… as torna pensativas, alguns em que a vista deles as alegra! E assim como vivem para com eles pensam, escrevem bem, e contam! o que realmente não deixa de ser algum tanto célebre.

ESTER. — Apoiado; apoiado! É assim mesmo (*apontando para Mancília*); eu que a conheço, e bem de perto, é assim, priminho (*mostrando os dedos*): ela tem cinco namorados.

ESPER. — Pois logo cinco! Não se contenta com dois ou três, que é a conta das moças bonitas!? Com efeito — são muitos!

ESPER. — Qual primo; é caçoada dela; eu não. . . tenho mais que um; e esse mesmo está longe e anda embarcado.

ESPER. — E o ama muito?

MANC. — Não; ele é meu primo; e por isso o estimo; quanto a amor… pode ser (*dando um suspiro*): mas não sei, este meu coração… não sei o que tem; ele sente, ele padece… (*larga a pena com que escreve e levanta a cabeça*). Sonhei que meu

Pai havia habitado a casa de um parente e amigo por espaço de um ano; que nela alimentou-se; que as forças então adquiridas me produziram; que pertenço ou devo pertencer a um filho desse homem... (*limpa os olhos*) que sou uma das salas de sua casa; que... (*cai sobre uma das mãos*).

ESPER. — Se eu pudesse, minha querida aluna, aliviá-la do pesar que sente em seu coração; se eu pudesse consolá-la da aflição que parece reinar em sua alma; se eu tivera forças para... (*abraça-a e beija ou faz que beija*) ah! que doçura eu sentiria... eu fruiria também aquela tranquilidade que tanto apeteço, careço e almejo.

ESTER. — Muito bem; muito bem! (*Levanta-se da mesa e sai*).

MANC. (*levantando-se*) — Ah! que... (*espreguiçando- se*) que gozo eu sinto neste coração, nest'alma! Parece impossível que nesse Empíreo onde se diz tanto gozar-se, possa haver maiores gozos que neste mundo em que habitamos! Prolongue-me, pois, Deus a existência por séculos! (*Abraçando o mestre*:) Meu querido, meu amigo! eu sou tua, tu serás meu! Ainda me tocaste, e de tal modo, que de prazer quase me mataste! Sim! viveremos juntos; e para sempre!

ESPER. (*desprendendo-se de seus braços*) — Sim, Mancília, eu te amo também; eu te adoro... eu te quero; eu te desejo e meu amor não é desses amores poéticos que aparecem hoje, e apenas escritos sobre um quarto de papel — desaparecem da imaginação e do coração daqueles que dizem consagrá-los às suas amantes! É grande, é extenso, é forte; e com sua densidade não há nuvem, não há céu que se compare por mais espesso que pareça!

ROCALIPSA (*mulher velha, entrando*) — Que é isto, meu Deus! estas meninas... Primo Juquinha, primo Juquinha (*pondo as mãos na cabeça*). Ah! não é o priminho; é o Sr. Espertalínio. Eu pensei que era ele... este mundo é sempre assim; sempre a gente anda se enganando! Cruzes; ave-maria com estas meninas!

MANC. (*ou neta*) — Que é, minha Avó? Vovó, eu estava sonhando, em um sono (*botando a mão no ombro da Avó*) tão gostoso! Estava tão satisfeita... Se a Sra. soubesse! Ai, que bom era meu sonho! Olhe, minha vovó, eu estava com o mais querido de meus amantes sobre os braços, e no mais aprazível leito. O colchão, minha vovó, não eram cabelos, nem penas: sabe o que eram? Era feito de uma cousa mais macia que o arminho; era espécie de rede... não; era espécie de fio de seda; era certa densidão, da matéria mais macia que se pode imaginar; era como estes vapores que no inverno se levantam das águas. E sabe com quem? a quem beijava? em quem tocava! Com quem gozava? Com (atirando-se-lhe nos braços), com o meu... com o Deus das mulheres; com o meu escolhido sobre todos, e por fim preferido, o meu querido... não preciso dizer mais! A minha avó aprova, não? (batendo-lhe no ombro) aprova, sim; eu sei que aprova!

ROCALIPSA (*ou avó, retorcendo-se toda*) — Pois eu o que hei de fazer? Vocês querem; amam-se; gostam-se... não há remédio senão concordar; contem com a minha aprovação. Tratem do enxoval, porque estas cousas não se demoram muito! Dito e feito, é melhor do que o melhor confeito! conversado e demorado, é pior que o pior bocado!

ESPER. — A tua vó gosta tanto, Mancília, que até fez-se hoje Poeta! Que te parece!

MANC. — Ela sempre foi, mas costuma esconder suas habilidades; e só nos momentos de entusiasmo é que as revela!

ESPER. — Tu sabes quem há de ficar algum tanto desgostoso com o que se acaba de passar; e com a nossa junção; é aquele velho Adão, que por ti morria de paixão!

MANC. — Qual! Eu já o fiz esquecer-se de mim! Já lhe fiz crer que era muito velho; que não podia servir; e parece que ele se conformou, porque retirou-se, e nunca mais cá voltou.

ESPER. — Estas cousas trazem recordações; estas saudades...

MANC. — Era indiferente; eu seria sempre a sua querida Mancília! Ele, um indivíduo a quem há muito desprezei!

ROC. — Sejam felizes, meninas! Sejam felizes! Vou ver o meu antigo velho como vai das suas erisipelas; das suas dores de cabeça, enxaquecas da barriga, e de tudo o mais que costuma sofrer, porque velhos-moços, isto, maridos novos, já não me é fácil encontrar... Adeus! até logo.

AMBOS (*para ela*) — Até logo! (*Com cumprimentos muito profundos*).

UMA MENINA (*entrando*) — Ui! vocês estão aqui! O que estão fazendo?!

MENINA — Vai lá para onde está a vovó, menina.

MENINA — Eu não; quero ver o que vocês fazem; quero aprender a ser sábia.

MANC. — Tu és muito pequenina ainda para ser sábia. Tens muito pouca idade; não podes por isso já aprender conosco.

MENINA — Não faz mal. Eu vejo agora; aprendo; e quando for grande, faço (*gargalhadas, quer de Mancília, quer de Espertalínio*).

ESPER. — E que te parece a menina?! Que viva, que espirituosa, que desembaraçada, e que fina é ela.

MANC. — É verdade, destas há poucas! O que mais interessante acho é ela querer aprender agora para

quando for grande.

ESPER. — E pensa bem.

MENINA — Assim como se aprende a ler, a escrever, a contar; a costurar, a bordar, a picar, quando se é pequena, se deve aprender tudo o mais para quando se for grande saber fazer!

MANC. — O remédio que há para nos escaparmos dela é entrarmos para aquele quarto e mandarmos levar uma flor à minha avó (*tira uma flor de um jarro*); pega, Isolina, leva para a vovó. Dize-lhe que esta adália é das mais mimosas que me mandaram hoje do jardim do Sr. Duque do Triunfo. (*A menina pega e põe-se a brincar com a flor*).

MANCÍLIA (*para Espertalínio ou Professor, enfiando o braço*) — Vamos e entremos. (*Seguem e entram*).

MENINA — Pensam que eu sou tola! (*Abanando com a cabeça para diante*). Eu bem sei. (*Apontando para o quarto*) o que eles foram fazer ali. Foram se casar! Pensavam que me enganavam... boas! Eu não levo a flor enquanto eles não sairem de lá. (*Passeando e cantando*). Eu sou menina e muito bonitinha. Hei-de me casar (*levantando a flor*) com esta florzinha! Não quero um menino, muito formosinho, porque é impertinente e muito demente. Prefiro esta flor porque não causa dor! Só oferta prazer a quem a sabe ver (*Repete estes versos e sai*).

ATO II
Cena I

Dois bilhares no cenário, cada um com o seu jogador — Pedro e Paulo.

PEDRO (*depois de algumas tacadas*) — Não há melhor modo de jogar! Trabalho há duas horas para fazer uma carambola! e ainda o parceiro se não incomoda! Que diz, amigo? (*e continuando sempre*) não é assim!?

PAULO — Sem dúvida! Eu também me tenho divertido à grande, e o que é melhor é que nada se perde.

PEDRO — Oh! isso é nada! Os jogadores se não incomodarem... é que acho muito mais apreciável! *(Salta uma bola.)* Se pilha algum passante, era capaz de lhe furar a barriga! Que diz, amigo Paulo?

PAULO — É verdade; Somos parceiros sem parceiros

(salta outra bola.) Oh! foi bola rara! Mas o que vale é que encontrou uma forte parede: mais que as muralhas de Sebastopol; não comparo com o Humaitá porque me parece inferior àquelas! Estou cansado *(atirando com o taco! Saem de um lado os novos esposos.)*

MANC. — Que te parece, Espertalínio? Durante o nosso consórcio, transformaram-nos a sala de visitas em casa de jogo de bilhar, de que eu tenho tanta quizila pelo barulho das bolas! Ora que graça tem isto? *(Pega num taco e atira numa bola.)*

ESPER. — E é mesmo; agora é que eu respiro! Srs. *(paraos jogadores)*, quem lhes permitiu entrar aqui, pôr bilhares e jogar?

PEDRO — Nós não sabemos! Entremos... nós passemos, vimos aqui estes jogos, entremos, estávamos nos divertindo! E o Sr. o que quer agora!?

MANC. — Quero que os Srs. tirem isto daqui! *(Faz rodar um bilhar que quase alcança um dos jogadores.)*

PAULO — Ai! *(e dá um grande pulo)* quase que me mata!

PEDRO *(à parte)* — Antes que me atirem com o outro, vou me safando! *(Dá três ou quatro pulos e sai).*

PAULO — É bom ser prudente! E quando se está contente, sair é conveniente!

(Sai fazendo piruletas- e com os braços abertos.)

MANC. *(muito zangada)* — Foi bom safarem-se, ao contrário havia de converter-lhes os braços em tacos e as cabeças em bolas. Das pernas far-lhes-ia tripeças e dos couros... panos para estes bilhares. *(Ouve-se gritar: — Âs armas! As armas!)* Espertalínio, stás ouvindo?! Ouves?

Gritam: — Às armas! Às armas! Que é isto? *(Muito assustada.)* Heim? que é o que ouço, Espertalínio!?

ESPER. — É verdade. Que diabo é isto? Onde será? Quem sofrerá? Serão inimigos!? Oh! vou ver.

MANC. *(atacando)* — Não; não sairás daqui! Não quero que vás. Não hás de ir! Eu não posso ficar só.

ESPER. — E se alguém pena, padece, é atacado ou morre? Vou *(querendo desprender-se dos braços da mulher),* vou, Mancília, vou! Não posso, não posso ouvir gemer — gritar, podendo falar, correr — sem acudir.

MANC. — E eu (*chorando*), eu morro! morro, morro, se tu me deixas. Não *(ajoelha-se)* sairás daqui, pelas chagas de Nosso Senhor Jesus Cristo! Espertalínio, não me deixes! Casamo--nos ontem e já hoje havia eu perder-te!? E se te matassem! queimassem! fuzilassem! que seria de mim!? Que seria do nosso filhinho, com que já conto!? Não! não! *(agarrando-o pelas pernas)* tu não vais *(levantando-se).* Sim, não vais *(com muita suavidade),* eu sei — tu me atendes. Não me deixarás só; e quando há perigo, nem por cinco minutos! *(Abraçam-se e beijam-se).* Vamos antes nos divertir nestes tabuleiros que aqui nos puseram. *(No ato de pegar nos tacos, entram soldados de espadas desembainhadas, que gritam)* — Presos! à ordem do Ilmo. Sr. Sapientíssimo, Digníssimo e Eminentíssimo Sr. Dr. dos Chefes de Polícia desta muito Leal cidade e valoroso consorte de Sua Majestade Imperial do Brasil, o Sr. Dom Quixote de las Tulherias!

ESPER. *(para Mancília)* — Foge para o quarto enquanto eu os entretenho!

MANC. *(safando-se com a maior cautela)* — Eh, eh... *(arregalando os olhos, com a face virada paro a plateia)* eh... ê! a cousa não está boa não!

ESPER. *(para os soldados)* — Os Srs. estão enganados! *(Muito assustado)* A diligência não é para esta casa, Srs. Aqui não há gente revolucionária! Os Srs. não vêem? *(Abrindo os braços).* Sou eu só e...

LAGARTIXA *(soldado)* — Já disse — está preso! Foi acusado de haver roubado — estes bilhares hoje! Ontem, de haver furtado uma moça! e agora há-de ser — de não ter furtado duas ou três em vez de uma só! Que pateta! Seu tolo! Agora *(muito zangado),* seu toleirão, há-de ficar com essa bruxa que tem em casa! *(À parte):* E ainda a mandou para o quarto, pensando que nós a quereríamos! *(Para ele):* Vamos! Vamos! *(Pegando-lhe no braço)* há-de ir, quer sim, quer sopa, quer seja asneira, quer seja peneira! Stá ouvindo bem? Fique sabendo que assim é! *(Arrastam-o e levam-o).*

ESPER. *(arrastado e gritando)* — Eu estou inocente! Inocente! Deixem-me!

UM SOLDADO *(que vai na retaguarda, empurrando-o)* — Caminha, pateta, que vais comer cousa melhor!

Cena II

(Aparece Mancília, cabelos desgrenhados, aspecto muito triste e lagrimosa)

MANC. — Meu Deus! que é isto! que vejo! Que vejo! que sombras negras ante mim volteiam! que horror! Meu marido chamado à Polícia e perdido! Minha Mãe ontem enterrada! meu Pai quase morto, senão morto! minha Avó talvez a esta hora nas mais horríveis agonias! eu só... sem amparo! sem um encosto sobre a terra! *(Bate nas palmas e cai de joelhos).* Deus de misericórdia, fazei descer sobre mim, ainda que sejam os mais leves vapores de vossa graça! Abençoai uma de vossas mais infelizes filhas! tirai de sobre ela metade ao menos do peso que a mata! que a oprime! *(Com uma das mãos nas sobrancelhas e levantando-se com um movimento rápido).* Ai! que é isto, meu Deus! Não bastavam os meus sofrimentos morais *(com a mão na testa)* ainda esta horrível dor de cabeça, que não sei como ainda vivo; como falo; como penso; como discorro! ai! *(querendo caminhar, dando alguns passos)* que sonho horrível é este mundo! a minha consciência me oprime! sinto o remorso corroer-me o coração, como se fora um bicho! Vejo a morte diante de meus olhos! tudo vejo! aberto o sepulcro! um cutelo sobre aquela mesa! meu sangue derramado corre em jorros! eu desfaleço! eu caio! meu marido! meu querido esposo! nunca mais o verei! perdido! perdido! eu... eu que... isto é... não! Eu... onde estou!? o que faço!? Ia... mas... Deus! Deus! Deus*! (bate no chão com um pé)* não me acode!? não me vale nesta aflição! oh! então não há esse Ente supremo! Sim! Não... eu cria... mas agora... crerei ainda!? Fugi... vou... *(levanta os braços, corre à porta e encontra o guarda que a vem buscar, dá um grito de dor e cai como morta; os soldados fogem espavoridos; passados alguns minutos entra um Tenente).*

TENENTE — *Qu*e é isto?! A hoteleira aqui caída! Estará bêbada ou doente!? Levantemo-la *(pega-a pelos braços e levanta-a).*

MANC*. (levantando-se de um sono)* — Sr., por quem é, diga-me: Que foi isto!? Viu meu marido? O Sr. quem é? Ele já foi solto? Ele ainda está preso? *(com palavras muito macias e repassadas de dor).*

TENENTE — A Sra. não é aqui a hoteleira?

MANC. — Eu? não Sr.; porém, se o Sr. tem fome, sede... poderei, já que me fez tão grande favor, aqui o satisfazer... matar *(apontando para seu peito)* a fome que traz.

TEN.— Pois não! Eu entrei supondo que era um hotel *(com certo ar de desdém)* seja ou não seja *(entrando e sentando--se)* já que me oferece, aqui comerei *(estendendo as pernas*) e também *(pondo uma perna por cima da outra e encostando a cabeça em uma mão)* e também dormirei! E mais alguma cousa farei, se a madama permitir! *(À parte):* É lindíssima! Assim ela quisesse esquecer-se do marido, principalmente agora que eu estou... casadinho — solteiro, solteirinho! Que *(cantando)* é melhor que casado, casadinho, casadinho; casadinho; ca-sadi-nho! ca-sa-di-nho! ca-sa-di-nho! Nhô! nhô, nhô, nhô, nhô!

Cena III

ESPERTALÍNIO *(entrando)* — Oh! o Sr. por aqui!

TEN. — Pois vossa, Vossa Exa. me conhece?!

ESPER. — Quando ontem aqui o vi, não o conheci; mas lembrei-me de que tinha visto há muito alguém na Campanha, com quem o achei parecido.

TEN. — É verdade que habito em uma das vilas da Campanha, em Caçapava; e o Sr. quem é?!

ESPER. — Chamo-me Espertalínio da Porciúncula Cavalcante e Melro; e la tenho um irmão, que se chama Misantropo Mosquitos Rabiscaio.

TEN. — É de não crer; com tal nome... o que lá existe tem o sobrenome de Carnaúba; V. Exa. tem o cognome de...

ESPER— Pois fique sabendo que assim é!

TEN.— Ainda duvido... eu sei que ele tem um irmão; como é o seu nome de batismo?

ESPER. — José.

TEN. — Então é verdade... Mas esse José *(espantado, abrindo as mãos, arregalando os olhos)* era gordo ou cheio de corpo; e o Sr. está cadavérico!

ESPER. — Não se admire; porque o muito que hei sofrido em minha vida, os numerosos males que hei padecido — eram bastantes para matarem-me. Entretanto — eu ainda vivo! Também noto que o Sr. não tem agora aquela face mimosa dos tempos em que eu pela primeira vez o vi; não é aquele Adônis de cútis macia... de cetim ou de veludo, de faces nacaradas e de lábios rubicundos! é hoje um marcial" algum tanto mais áspero no macilento rosto; nos gestos, nas maneiras! é o que fazem os anos e os trabalhos. Recordo, porém, ainda de sua baixinha e mui formosa esposa, e de seus não menos de cinco filhinhos, talvez.

TEN. — Reconheço que me conhece; negociava eu nesse tempo com um seu amigo e sócio.

ESPER. — É verdade que fui encarregado de fazer algumas cobranças da casa comercial de um amigo com quem havia tratado sociedade, mas que nunca realizamos. Pretende demorar-se aqui muito tempo?

TEN. — Estou às ordens de S. Exa. o Sr. Presidente da Província.

ESPER. — Veio a negócio de importância?

TEN. — Não.

ESPER. — Pretende continuar a vir a esta casa?

TEN. — Entrei supondo ser hotel.

ESPER. — Não é; mas pode aqui vir jantar as vezes que quiser.

TEN.— Agradeço-lhe muito e muito... Tenho algumas voltas a dar; e retiro-me.

ESPER. — Eu vou fazer outro tanto. *(Despedem-se; entra a mulher).*

MANC. *(ou mulher de Espertalínio; ao vê-lo, corre e grita)* — Meu querido esposo! *(Abraça-o).* Quanto foi para mim terrível tua ausência!

ESPER. — Sim, querida Mancília, também eu sofri os maiores tormentos durante nossa cruel ausência, embora tivesse a todos os instantes... quase, quase morri, de saudades tuas! Aprouve felizmente a Deus juntar-nos. *(Pausa).* Quem era certo oficial que aqui encontrei, minha amiga?

MANC.— Não conheço; foi a primeira vez que o vi; entretanto fez-me um grande obséquio: levantou-me nos braços, pois com tua ausência tive um desmaio.

ESPER. — Pois eu fiquei-o aborrecendo; achei-o tão impertinente!...

MANC. — Eu ouvi tudo; ele não queria crer-te, nem acreditar-te; mas falaste tão bem sobre os milagres que em vários tempos faz o Ente supremo aparecer entre nós; discutiste que era um milagre haver um só homem escrito mais de duzentos livros, como é o aparecimento de um grande poeta sem estudos de arte — de um político sem estudos de ciência, e assim sobre as grandes, maravilhosas verdades, como sobre o que de vez em quando lhe apraz iluminarnos! Também gostei muito de ouvir-te sobre os retratos... isto é — o conhecimento do interior do indivíduo, pelas formas exteriores; pelas feições do rosto, conhecestes o moral de tuas amigas! Uma séria, sisuda e bela, ou de um coração assaz brando, ou magnânimo; outra, com a expressão de uma jovem amiga — de brincar, caçoar, divertida ou velhaca — mas também dotada de sentimentos os mais nobres!

ESPER. — É verdade, minha querida amiga; tal qual as compreendi, as descrevi; assim elas são! Tu sabes, porém, do que eu não gostei? foi dele dizer-me que gostava de ver as mulheres bem asseadas e de ir *(pega nos peitos, beija-a e vai-lhe levantando o vestido, não muito)* fazendo assim *(com ar gracioso)* como nós costumamos fazer... *(beijando-a, pegando nos peitos e levantando os engomados vestidos, etc.)* tu sabes, não?

MANC. — Pois deveras ele te disse isso? É um ladrão! roubou os teus gostos e costumes! Não converses mais com ele, meu amigo; senão, ficas sem cousa alguma.

ESPER. — Oh! esta é a melhor! Então porque ele gosta, já perco tudo, não?! Não o faça ele contigo... e o mais fica por minha conta.

MANC. *(admirada)* — Comigo? Não faças tal juízo a meu respeito, se não me querer ver traspassada de dor.

ESPER. *(à parte)* — Assim dizem as mulheres todas — umas morrem de canelas, outras morrem de fivelas, outras não sei de quê — quando seus maridos lembram assim alguns desvarios... não — alguns desenjoamentos! Entretanto, cada uma prega-lhes cada trunfa *(abrindo os braços, comparando)!* Há alguns que trazem barris de quarto na cabeça; e outros... até — pipas de 180 canadas! Perto, porém, dos maridos... oh! são umas santinhas; juram; praguejam; embrabecem, e... coitado daquele que não faz crer que as acredita! São capazes de lhes pôr veneno até no ar que os deve refrescar e alimentar. *(Para Mancília):* São horas, minha queridinha (abraçando e beijando) de tomarmos algum alimento.

MANC. — Que te hei-de dar, se nada tenho!?

ESPER. — Como?

MANC. — Noivos não comem, senão na cama *(dando alguns pulinhos);* não bebem, senão na cama. Portanto, vamos para ela e la o fartarei.

ESPER. — Esta agora é melhor *(olhando para a plateia)*. Estou feliz. Não preciso gastar dinheiro; nem trabalhar; bebo na cama a mulher; visto também na cama a mulher, divirto-me na cama com a mulher. *(Dançando)*. Estou muito feliz! Estou muito feliz! muito feliz! e muito feliz! *(Para a mulher):* Então não me acompanhas?!

MANC. — Pois não! *(Pega-lhe nas mãos, dança e canta com ele).*

AMBOS — E quem tiver inveja — faça o mesmo! faça o mesmo! Em vez de gastar — é melhor casar. *(Podem repetir-se estas palavras; e assim parece dever terminar a comédia).*

MANC. — Das duas páginas em branco, eu já fui hoje uma escritada; a outra o meu velhinho *(batendo-lhe no ombro)* há de escritar amanhã.

Por: José Joaquim de Campos Leão — Qorpo-Santo
Porto Alegre, maio 5 de 1866.

NOTAS

1. *Turbas = turvas.*
2. *Assim no texto.*
3. *No texto: quiliza, por quizila.*
4. *O A. prefere piruletas a piruetas.*
5. *Assim no texto.*
6. *Entenda-se: um adônis marcial...*

TWO BLANK PAGES

Notes for a comedy

Characters

Mancília
Esterquilínia
Espertalínio da Portiúncula
Cavalcanti and Melro, teachers
Rocalipsa, grandmother of the girls
Isolina, girl
Pedro
Paul
Gecko, soldier
A guard
Lieutenant
Soldiers

ACT I
Scene I

(*Two girls appear, one sitting on one table, another on a chair; some light shines above the former; and a young man standing, teaching the one that is seated on the chair. Let us call one Mancília, the other one Esterquilínia and the young man, Espertalínio*)

ESPERTALÍNIO (*taking the disciple's hand*) — My girl, hold the quill more firmly; you are not properly seated (*straightening her body*), straighten your a little bit (*taking her arm*). This letter is not satisfactory; do it like this (*showing her*); the line came out too thick; get some more paint; now this figure came out beautifully; yes, we've had some progress.

MANCÍLIA — She has always had an incredible memory; and she's extremely docile; that's why she'll always make great progress; I can see it clearly!

ESPERTALÍNIO — Our cousin has, however, a significant fault, my dear. Do you know what it is?

MANC. (*coming down from the table, smiling*) — What is it?

ESPERTALÍNIO — Why, don't you know yet?

MANC. — No, I don't.

ESPER. — She is too beautiful, too friendly, too charming, and extremely loving. (*Both girls smile; Mancília more cheerfully.*).

ESTERQUILÍNIA — With such a preceptor, even if I didn't want to, I'd end up learning a lot and well!

ESPER. — I really appreciate that you are learning a lot and well. However, it seems silly to come here every day or every night, to have lessons, when you can teach her at our home (*more laughter*).

ESTER. — Every time I come, I feel you are better and better; it's really difficult to find so much and so much better, isn't it?

MANC. (*dissimulating*) — I'm a bit under the weather today; I feel my ideas are sort of confused... I don't know what's troubling me...

ESTER. — I know what it is (*shaking her head*); it is...I know it well.

ESPER. — It is a peculiarity of ladies who are devoted to studying; there are days when their ideas are crystal-clear, and then there are days in which their ideas are somewhat messy and obtuse; other days when their ideas are somewhat gloomy and foolish; other days when memories of their lovebirds make them more thoughtful; and others when their faces brighten! And just as they live, they think, write, and tell! In fact, it is really nothing short of fabulous.

ESTER. — Here, here! That is the way it is! (*Pointing to Mancília*); I know her very well; that's it, my dear cousin, (*signalling with her fingers*): she has five boyfriends.

ESPER. — Oh Dear, five boyfriends! Aren't two or three more than enough? This is the number of boyfriends the pretty ladies have! Indeed, they are too many!

MANC. — Hold on, my cousin, she is kidding, I have no boyfriends but one; he is a sailor and is away.

ESPER. — Do you love him with all your heart?

MANC. — No; he is but my cousin; I hold him in high esteem; as for love... that may very well be (*giving a sigh*): but I don't know; this heart of mine... I don't know what it feels, what it suffers... (*putting the quill aside and looking up*). I dreamt that my dad had lived at a relative's home for a year, and that there he was fed; that with the strength he acquired he begot me; that I belong or must belong to a son of this man... (*clearing her eyes*); that I am one of the rooms of his house; that... (*falling over her hands*).

ESPER. — My dear pupil, if I could alleviate the sorrow that lies in your heart; if I could comfort you from this affliction that seems to rule your soul; if I had the strength to... (hugs *her and kisses her — or pretends to do it*) ah! My Sweety! Oh, what tenderness I'd feel... I would enjoy that tranquility which I so cherish, wish and with it I would not perish.

ESTER. — Very well, very well! (*She stands up from the table and leaves the room*).

MANC. (*standing up and stretching out*) — Oh, delighted are my heart and my soul now! It seems impossible that in the Divine Abode — where so much pleasure is supposed to exist – there may be even better delights than in this world we live in! May God prolong my existence for centuries (*hugging her preceptor*) My darling, my friend! I am yours, and you shall be mine! You've touched me and given me so much pleasure that I nearly died. Yes! We shall live together, and forever!

ESPER. (*letting go of her hug*) — Yes, Mancília, I love you too; I adore you... I want you; my love is not the sort of poetic loving so common nowadays, written and recorded on a mere half page — vanishing from the imagination and the heart of those who claim to dedicate it to their lovers! It is great, it is vast, it is strong; and with such density there is no cloud, there is no heaven to compare it with!

ROCALIPSA (*old woman, entering*) — My God, what is going on in here? These girls...Cousin Juquinha, cousin Juquinha!

(*Putting her hands over her head*). Oh, it is not my cousin! It is Mr. Espertalínio. I thought it was Juquinha... this world is always deceiving us! Jesus; and these girls! Holy Mary!

MANC. (*or granddaughter*) — What is it, Grandma? Granny, while I was sleeping, I was dreaming (*placing her hand on her grandma's shoulder*) such a pleasant dream! I was so happy... I wish you could have it! Oh, how nice it was! Look, grandma, I had the dearest of my lovers in my arms in the cosiest bed. The mattress, dear grandma, wasn't made of hairs, neither of feathers: would you like to you know what it was made of? It was made of something softer than armine, a kind of mesh... or rather, a kind of silk yarn with a certain special density; the softest material you could ever imagine; it was like that vapor steam that rises in the winter. And can you imagine who I was with? Who I was kissing? Who I was touching? Who I was coming with? I (*throwing herself in her grandma's arms*) I was with the god of women; with my chosen one over all the others, my favorite, my darling... I don't need to say anything else! My Granny approves of it, right? (*Tapping her shoulder*) Yes, you do; I know you do!

ROCALIPSA (*or grandma, turning in shock*) — Well, what am I to do? You want each other, love each other, like each other... I have no choice but to agree; you can count on my approval. Start preparing your trousseau, because such things don't take long! All said and done is better than overdone! All said and delayed is worse than things decayed.

ESPER. — Your grandmother likes it so much that she even attempted to be a poet today! What do you think about that?

MANC. — She has always been a poet... but she usually hides her abilities; and only in moments of great enthusiasm does she reveal them.

ESPER. — Do you know who will be a little upset at what has just transpired and with our union? It is that old Adam; for your love he would give a whole kingdom!

MANC. — What do you mean? I've already made him forget me! I've made him believe that he is too old, that he wouldn't do; and he seems to have resigned himself to it, for he went away and never came back here.

ESPER. — This kind of talk brings me memories... some kind of longing...

MANC. — It didn't matter; I would always be his dear Mancília! He, an individual who I have long despised!

ROC. — Be happy, girls! Be happy! I am going to see if my old man has recovered from his erysipelas, his headaches, his stomachaches, and all that from which he usually suffers; because old youngsters, that is, young husbands, are not an easy to find... Goodbye! Farewell.

BOTH (*to her*) — Farewell! (*With a deep curtsy*).

A GIRL (*entering*) — Oh, you are here! What are you doing?

(*Someone*) — Go with grandma, my girl.

GIRL — I don't want to; I want to see what you are doing; I want to learn to be wise.

MANC. — You are too young to be wise. Indeed, you are still very young; therefore, you cannot learn from us.

GIRL — It doesn't matter. I see it now. I learn; and when I'm older, I'll do it. (*Laughter from Mancília and Espertalínio*).

ESPER. — What do you make of this girl? Isn't she lively, witty, articulate and refined?

MANC. — Yes, she is. One does not find many a girl like this. The most interesting part is that she wants to learn now to be prepared for the future, when she becomes an adult.

ESPER. — And she has a good head on her shoulders.

GIRL — It is just as you learn to read, to write, to count; to sew, to embroider, to chop up, when you are young, you must learn everything else so that when you are older you know how to do!

MANC. — To get rid of this girl let's go to that room over there and ask her to take a flower to grandma (*she removes one from a water jug);* take it, Isolina, take it to Granny. Tell her that this dahlia is the most delicate one I got from Mr. Earl of Triunfo's garden. (*The girl gets the flower and starts playing with it*).

MANCÍLIA (*to Espertalínio or the preceptor, arm in arm*) — Let's go in. (*They come into the room*).

GIRL — They take me for a fool! (*Shaking her head forward*). I know very well (*pointing to the room*) what they are doing in there... They are there to mate, to get married! If they thought they could fool me... oh that's a good one! I won't take the flower to grandma until they get out of that room (*walking and singing*). I am a very nice and pretty girl. I shall get married (*raising the flower*) to this pearl! I don't want a handsome boy because he is impertinent and inconvenient. I much rather have this flower because it isn't dour. It only brings delight to those who are bright (*repeats these verses and leaves*).

ACT II
SCENE I

(*Two billiard tables on the stage, each one with a player — Pedro and Paulo*)

PEDRO (*after some shots*) — There is no better way of playing! I've been working for two hours to make a red one! And yet my partner doesn't care at all! What do you say, buddy? (*Playing on*) Isn't that so?

PAULO — Surely! I have also been entertaining myself immensely, and the best of it is that nothing is lost.

PEDRO — Oh, that is nothing! If the players don't mind... I find this more appealing; (*a ball bounces off*) If some passers-by come along, it may pierce them in the stomach! What do you say, my friend Paulo?

PAULO — That's right; We are partners without partners (*another ball bounces*). Oh! That was a rare strike! But what counts is that it found a wall stronger than the walls of Sebastopol; I won't compare it to those of Humaita because it seems inferior to them! I'm tired (*shooting with the bat! The new husband and wife show up*).

MANC. — Look at that, Espertalínio! During our consortium, our living room was transformed into a billiards house, which I loathe because of the sound of the balls! Now where is the fun in this? (*She takes a bat and throws a ball*).

ESPER. — Yes, indeed! I can breathe now! Gentlemen (*to the players*), who gave you permission to come here, set up the billiards table and play?

PEDRO —We do not know! We went in, we were passing by, we saw these games here, we went in, we were having fun! And what are we to do now!?

MANC. — I want you, gentlemen, to get this out of here! (*He throws a billiard ball, which almost hits one of the players*).

PAULO — Ouch! (*taking a big leap*). You almost killed me!

PEDRO (*apart*) — Before they throw me another, I'm making myself scarce! (*He makes three or four leaps and leaves*).

PAULO — It's wise to be prudent! And when you are content, leaving is convenient! (*He leaves doing cartwheels — and with his arms open*).

MANC. (*very angrily*) — It was a good thing they got away; otherwise they would have their arms turned into clubs and their heads into balls. I would make tripods out of their legs and out of their skins cloth for these tables. (*A shout is heard: — The guns! The guns!*) Espertalínio, are you listening?! Can you hear? They are shouting: To the guns! To the weapons! What is that? (She is v*ery scared.*) Huh? What's that, Espertalínio!?

ESPER — That is true. What the hell is this? Where is this happening? Who might be going to suffer? Are they enemies!? Oh! I will check it.

MANC. (*attacking*) — No; you won't leave! I don't want you to go. You won't go! I can't be alone.

ESPER. — What if someone suffers, grieves, is attacked or dies? I'm leaving (*trying to free himself from the woman's arms*), I'm going, Mancília, I'm going! I can't stand hearing this moaning, screaming, when talking and running are possible — and not helping!

MANC. — And I (*crying*), I'll die! I'll die, I'll die, if you leave me. (*Kneeling*) You will not go, I swear to the wounds of Our Lord Jesus Christ! Espertalínio, don't leave me! We got married yesterday and today I've already lost you!? What if you were killed, burnt, shot? What would become of me!? What would become of our little child which I can already feel inside my womb!? No! no! (*Grabbing him by the legs*) you won't go (*getting up*). Yes, you won't (*very gently*), I know — you will stand by me. You won't leave me alone not even for five minutes! (*They hug and kiss.*) Let's have fun with these board games that have been left here for us. (*When they are picking up the billiard cues, soldiers with swords drawn, come in and shout)* — You are under arrest! By order of Illustrious, Wisest, Most Dignified and Most Eminent Police Chief of this very loyal town and valiant consort of His Imperial Majesty of Brazil, Don Quixote de las Tuileries!

ESPER. (*to Mancília*) — Rush to the bedroom while I entertain them!

MANC. (*getting away with the greatest caution*) — Eh, eh... (*wide-eyed, with her face turned towards the audience*) eh... Yes, things are far from fine!

ESPER. (*to the soldiers*) — Gentlemen, you are all mistaken! (*Very scared*). This inquiry is not supposed be in this house. There is no revolutionist here! Can't you see? (*Opening his arms*). It's just me and...

LAGARTIXA (*soldier*) — I repeat: you are under arrest! You were accused of stealing these billiards today and of kidnapping a girl! Yesterday! or maybe two or three girls instead of just one! How stupid you are! How fool! And now (*very angry*), Mr. Dimwit, you will have to live with that witch you have at home! (*Apart*): And he has even sent her to her room, thinking we could take a fancy to her! Come on! Let's go! (*To him, taking his arm*) You have to come with us whether you like it or not, whether it is soup, rubbish, or radish! Ca you hear me? Be aware that this is it! (*They drag him and take him away*).

ESPER. (*being dragged and shouting*) — I am innocent! Innocent! Leave me alone!

A SOLDIER (*walking behind him, pushing him*) — Walk, you fool, and you'll have something better to eat soon!

SCENE II

(*Mancília appears, with disheveled hair, a very sad look on her face and tears in her eyes*)

MANC. — My God! What is this right before my eyes? What dark shadows surround me! Oh! The horror! My husband called by the police and then lost! My mother buried yesterday! My father almost deceased, if not already dead! My grandmother at this hour in the most terrible agony! And I am here, all alone, helpless; nowhere to rest my head! (*She falls on her knees*). God Almighty, have mercy on me! Let me have at least the slightest vapors of your grace! Bless your most unfortunate daughter! Remove from her at least half of the burden that is killing her, that is oppressing her! (*With one hand on her eyebrows and standing up with a quick movement).* Oh, Heavens, what does that mean? As if my moral sufferings (*with her hand on her forehead*) weren't enough, I still have to put up with this horrible headache! I don't know how I'm still alive, how I speak; how I think; (*trying to walk, taking a few steps*); what a nightmare this world is! My conscience oppresses me! Remorse is gnawing at my heart, as if it were an animal! I see death right before my eyes! I see everything! The tomb is open! There is a cleaver on that table! My blood is gushing out! I'm fainting! I'm falling! My husband, my beloved husband! I will never see him again! lost! lost! I... that is... no!... I... where am I!? What can I do!? I was... but... My God! MY God! MY God! (*She stamps on the floor*). Why don't you help me in this misery? Why don't you allay my affliction? Oh! In this case, you are not that Supreme Being I supposed you were! Yes! No... I used to believe... but now... will I still believe!? I'm running away... I will run away... (*she raises her arms, runs towards the door and meets the guard who comes to get her, gives a scream of pain and falls as if she were dead; the soldiers flee in terror; after a few minutes a lieutenant comes in*).

LIEUTENANT — What is happening here? The hotelier has collapsed Is she drunk or sick? Let's get her up (*gets her arms and pulls her up*).

MANC. (*as if waking from a dream*) — Whoever you are, sir, please tell me: what has happened? Have you seen my husband? And who are you? Has he been released yet? Is he still in prison? (*Very softly and painfully*).

LIEUTENANT — Aren't you the hotelier of this place?

MANC. — Me? No, sir. However, if you are hungry, or thirsty, I might be able to help you in payment for so much you've done to help me.

LIEUTENANT — Oh, yes, I came in because I thought it was a hotel (*with a certain air of disdain*); whether it is one or not (*coming in and sitting down*) I shall eat here, since you are offering me a meal (*stretching his legs*) and even sleep (*crossing his legs and leaning his head on one hand*)! And I will do one more thing... if you allow me, madam! (A*part*): She is breathtakingly beautiful! I wish she could forget her husband, especially now that I am... married — single, totally single... which (*singing*) is better than married, m-a-r-r-i-e-d; m-a-r-r-i-e-d, m-a-r-r-i-e-d!! Oh, oh, oh, oh, oh!

SCENE III

ESPER. (*coming in*) — We, well! Look who's here!

LIEUTENANT — Does Your Excellency happen to know me?

ESPER. — When I saw you yesterday, I didn't recognize you; but I remembered that long ago I had seen someone on the Campaign, who I thought looked very much like you.

LIEUTENANT — It is true that I live in one of the villages in the country — Caçapava it is called — and who are you, sir?

ESPER. — My name is Espertalínio da Porciúncola Cavalcante e Melro, and I have a brother whose name is Misanthrope Mosquito Rabiscaio; he lives there.

LIEUTENANT — It's hard to believe, someone with such a name... the one I know there has Carnaúba for a surname; and your nickname is...

ESPER. — Yes, so it is.

LIEUTENANT — I still doubt it; I do know he has a brother; what is your Christian name?

ESPER. — José.

LIEUTENANT — So it is true then... But this José (*stunned, wide-eyed, opening his hands)* was fat and sturdy, and you, sir, you are cadaverous!

ESPER. — Don't look so surprised; I have suffered hell throughout my life; many have been the ills I've gone through — enough to kill me. Despite all this, I'm still alive. I can see that you no longer have that handsome face you had when I first met you; you are no longer that soft-skinned Adonis... with a satin or velvet skin, a rosy face and full lips! Now you have a martial aspect, a little more rugged and emaciated face; your gestures, your manners... That's is the result of all hard labor and the passing of the years. But I still remember your short and beautiful wife, and your five children — or more.

LIEUTENANT — I admit that you really know me; I used to do trade with a friend and business partner of yours.

ESPER. — It is true I was responsible for collecting some payment in the commercial establishment of a friend with whom I had arranged to go into a partnership, which never materialized. Do you intend to stay here long?

LIEUTENANT — I'm at the service of His Excellency, the Mr. President of the Province.

ESPER. — Are you here to conduct any important business?

LIEUTENANT — No.

ESPER. — Do you intend to keep coming to this house?

LIEUTENANT — I came here under the assumption it was a hotel.

ESPER. — It is not a hotel; but you can come to dine here as often as you please.

LIEUTENANT — I thank you from the bottom of my heart; now I must go.

ESPER. — I also must get going. (*They say goodbye; in comes the woman*).

MANC. (*or Espertalínio's wife; on seeing him, she runs and shouts*) — My dear husband! (*Hugging him*). Your absence has been excruciatingly painful to me!

ESPER. — Yes, my dear Mancília, I have also suffered the worst torments with your absence. I longed for you every second; I thought I was going to die so miserable were my days! Fortunately, God, in His infinite mercy, brought us together. (*Pause*). Who was that man I've just seen here, my dear?

MANC. — I don't know who he is; this was the first time I've seen him; he has, however, done me a great favor: he helped me rise to my feet, for in your absence I fainted.

ESPER. — And I was pestering him! I found him so impudent!

MANC. — I heard everything; he didn't want to believe you, nor trust you; but you spoke so beautifully about the miracles that the Supreme Being so often works among us; you argued that it was a miracle that a single man could write more than two hundred books, as it happens with regard to a great poet who did not study arts, or a politician who did not study science, not to mention the great and wonderful truths or the things now and then you enlighten us with! I also really enjoyed hearing from you about the portraits... that is — by knowing the inner side of the individual side through their exterior side you came to learn about the moral side of your female friends — one of them a serious and beautiful woman; another with a soft or magnanimous heart; another, with the expression of a young friend — playful, mocking, amusing or wicked — but also endowed with the noblest feelings!

ESPER. — It's true, my dear friend; I've described them just as I grasped them; that's what they are like! But would you like to you know what I didn't like? I didn't like when he told me he liked to see women who were very tidy who were willing to do this way (*he grabs her breasts, kisses her and lifts her dress a bit*), doing this (*with a graceful air*) as we usually do... (*kissing her, grabbing her breasts and lifting her starched dress, etc.*) you know what, don't you?

MANC. — But did he really say that to you? He's a thief! He's stolen your tastes and your customs! Don't talk to him anymore, my friend; otherwise, you will be left with nothing.

ESPER. — Oh, that's rich! Just because he likes it, I lose it all, right? That he dare not do it with you! I'll take care of the rest.

MANC. (*surprised*) — Doing it with me? Don't judge me like that, if you don't want to see me feel miserable.

ESPER. — That's what all women say — some die as they run away, others die after a good play, others I know not what from — when their husbands remember some follies like that... no — some boredom! However, each one behaves so audaciously towards them (*opening his arms, comparing*)! There are some who carry barrels on their heads; and others even 90-liter kegs! Yet when they are near their husbands... oh, they are blessed saints — they promise, they curse; they enrage, and... unfortunate are those who cannot guarantee they believe them! They can put poison even in the air which is there to refresh and feed them. (*To Mancília*): It's time, my darling (*hugging and kissing her*) we ate something.

MANC. — What shall I give you, if I've run out of everything?

ESPER. — What do you mean?

MANC. — Brides and grooms don't eat unless they are in bed (*taking some little leaps*); they don't drink, unless they are in bed. Therefore, let's go to bed and I'll give you a hearty meal!

ESPER. — Now it's even better! (*Looking at the audience*). I am pleased with myself. I don't need to spend money; nor do I need to work; I drink the woman in bed; I also dress the woman in bed, I have fun in bed with the woman. (*Dancing*). I am very happy indeed! Very happy! Very happy! Very happy! Very happy! (*To the woman*): So, won't you come with me?

MANC. — Yes, sure! (*She takes his hand, dancing and singing with him*).

BOTH — And if anyone is envious — do the same! Do the same! Instead of spending, it is much better marrying. (*These words can be repeated; and thus it seems that the comedy comes to an end).*

MANC. — Of the two blank pages, one has been written on today; the other one my old man (*tapping his shoulder*) will write tomorrow.

By: José Joaquim de Campos Leão — Qorpo-Santo
Porto Alegre, May 5, 1866

NOTES

1. Turbas = turvas (mob, throngs).
2. Like so in the text.

3. In the text: quiliza, for quizila.
4. The author prefers piruletas to piruetas (*pirouette*).
5. Like so in the text.
6. To be taken as a Martial Adonis.

DOIS IRMÃOS

Notas para uma comédia

Personagens

António, bacharel em Direito; advogado
José
Manuel
Frederico
Pulquéria
Rumânica
Lev'arriba
Roscália, caixeiro deste
Leva-Remos
Quadrado, amigo daquele
Cangueiros
Carroceiro
Mulheres, homens, uma visita e as figuras do 5º Quadro

ATO I
Cena I

ANTÓNIO (*para José*) — Conheces Pedro, o Marinho?

JOSÉ — Não; quem é? Onde mora? é cousa que se coma, que se beba, que se vista?! Ou que se durma; se passeie; ou se dance!?

(*A cada palavra — coma, beba, etc. — jaz todo sinal com a boca, lábios, etc.*)

ANTÓNIO — Não; não é nada disso; é apenas um irmão de sangue que possuo; (*aperta duas vezes os braços, movendo com os dedos*) possui e havia ainda de possuir, se eu quisesse ir... não! Se ele quisesse vir!

JOSÉ — Mas... dizes tanto... tantas cousas, que eu não sei o que deva responder! Perguntaste-me se eu conheço Pedro, o Marinho; — e depois... não sei o que te responda! És, fui, sou e seria!

ANTÓNIO (*à parte*) — A resposta está conforme a pergunta. (*Para José*): Mas diga-me (*aganando-lhe no nariz*) — Conhece ou não conhece? (*Dá-lhe outro puxão que sacode-lhe a cabeça*) diz ou não diz!?

JOSÉ (*dando um pulo para trás*) — Homem dos diabos! deixa-me! Deixa-me! Já me puxaste o nariz! Vai puxar o queixo da tua Avó torta! (*António puxa-lhe o queixo*).

ANTÓNIO (*à parte*) — Estava fazendo um benefício para ele (*apontando*) — aumentando-lhe o nariz; e sua mercê não quis: não quer! Pois há de ficar sem nariz! (*Com raiva*).

MANUEL (*pé ante pé, batendo nas palmas e entrando. Já se sabe — a figura mais esquisita que se pode fantasiar*) — Dá licença, Sr. Dr.? Hem? Hem? dá? Eu quero entrar. Pois já sabe que sou todo seu! que o quero, que o desejo, que o amo! Venha, ah! não; ele não pode vir; eu é que vou! (*Aproxima-se*).

ANTÓNIO (*virando-de de repente e com uma mão no ouvido*) — Vozes! quem são? Serão... é... ah! É o meu célebre, senão celebérrimo amigo Rubicundo!

MAN. — Não; não sou esse! Sou o seu velho, antigo, antiguíssimo amigo (*batendo-lhe nas costas*) Manuel das choradadas! Sou, sou; não ouve?

ANTÓNIO — (*virando-se muito devagar e estendendo-lhe a mão por cima do pescoço*) — Ah! (*Arrastando os pés, a cabeça levantada como cego, a boca muito aberta*) Ah! és tu! (*Apalpando*) Ah! ainda sou feliz? Ainda achei o meu amigo Manuel? Não me falta nada! De onde vieste? Não viste por lá o meu irmão José? Hem? estava... ora, ora, ora! estava aonde?! (*Pondo-lhe a mão nos peitos*).

MANUEL — Eu não o conheço; não sei; o Sr. inda tinha esse irmão?

ANTÓNIO — Ó diabo! pois tu não te lembras do meu irmão, com quem brincavas, jogavas, comias e dormias!? Então... ou tu pensas que eu me honro mais que o que sou, por dizer que tenho esse irmão!? (*Puxa-lhe um braço*).

MANUEL — Não é isso o que eu digo; é que ele parece se ter esquecido de ti! Ah! foi sonho, visão, ou não sei que ilusão — que me fez crer que ele não pensava em ti se não... não: que não escrevia a ti, senão de séculos em séculos!

FREDERICO (*entrando e descansando o chapéu sobre uma mesa*) — Venho hoje mais cedo que o diabo! Andei, fui a toda parte; estou banhado em lágrimas de suor... ou em suor de lágrimas — que vem a ser tudo o mesmo! (*Caminhando*). Tenho procurado, buscado, encontrado, e nada achado! (*Pegando e atirando com o chapéu*). Isto é o diabo! e mais que o diabo! É o demônio, não é chapéu... perguntei a este demônio o que havia de fazer (*apontando para o chapéu que se acha no chão*). Disse-me que ser Ministro, que não recebesse nada e que antes desse! que perdesse casa! que perdesse tudo! E eu respondi-lhe que não fosse louco! que para se exercerem cargos públicos não é necessário tudo perder-se! E fui andando em busca do que de direito me pertence! Em certo lugar (*pega o chapéu e põe na cabeça*) perguntei à sobrecasaca (*olhando-se*) ou casaca que também não sei bem o que é, se sabia quantas promessas se me haviam feito impondo-me condições, e a quantas me haviam faltado! (*Com ar gracioso*): Que havia de responder?! que fosse ao Tambicu! Perguntei-lhe: E quem é esse Tambicu?! Ficou em silêncio tão profundo como são as águas dos mares no fundo! Espantei--me: mas também calei-me. A calça, que me viu mudo — que há-de fazer? Belisca-me! Sinto a dor, e com ela ouço a voz: Não quer-me ouvir! Há-de arrepender-se; ouve ou não ouve!? É surdo! Está bem: há-de arrepender-se; deixe estar! Não: é melhor ouvir e atender, se quiser ter. Ó calça! (*Puxando esta*). Que vêm fazer a teu discurso as palavras deixe estar?

ANTO. — Sempre andas, rapaz, todo incomodado! Nada te apraz. Nada te satisfaz.

MANU. (*para Antônio*) — Ah! Sr. Dr., este menino é seu filho?

ANTO. — Não é meu filho; mas é mais que filho. Amo-o tanto!

FRED. (*para Manuel*) — E o Sr. que se importa *(com maneiras mui grosseiras)* que se importa — se eu sou filho, pai ou médico, aqui do meu Avô!? Pertence-lhe a minha vida? o Sr. é casado comigo?

MAN. — Este teu filho é o diabo!

FRED. *(para o pai)* — Pois meu Pai, eu não hei-de me incomodar quando vejo tanto despropósito; tantas loucuras; tantas parvoíces hoje, amanhã tanta asneira, tanta tolice!?

ANT. — Rapaz, tu hoje estás diametralmente transtor- nado! Estou te desconhecendo.

FRED. — Bem; V. Sa. é formado em direito pátrio e estrangeiro, canônico e não sei que mais. Diga-me: um amigo meu alugou para a ocupação de objetos pertencentes à Fazenda nacional uma de suas propriedades; houve preço marcado; houveram ordens para pagar-se; vieram documentos que o comprovaram; entretanto, aparecem todos os dias novos embaraços e há quase um ano ele não pode haver tais quantias. Ora novas e contrárias informações; depois, questões de preço; mais tarde questões de atestados; amanhã — de direito de propriedade; em outro dia — de desconto de dívidas, como se a Tesouraria fosse juiz competente para conhecer estas questões comerciais; ou caixeiro deste ou daquele intitulado credor — para fazer descontos, aceita embargos ou cousa semelhante; quer seja, quer não, verdade o que alega, visto ser ouvida a parte contrária, ou de quem se diz credor, é macarangana que ninguém se entende! hoje temos um despacho, amanhã não passou de ilusão! Depois...

ANT. — Estás com tão grande aranzel, que não sei onde vais parar! Espera, tolo, — e verás que serás feliz. Tu não queres esperar, és um apressado... és um teimoso.

FRED. — Pois meu pai não sabe que já certo indivíduo quis instituir-se à força Procurador de outros?

ANT. — Fala, fala, rapaz.

FRED. — Esqueci-me do melhor que lhe queria dizer — e é que... mas... *(abanando com a mão por cima da cabeça)* parecendo-me... Sim. Não há quem não saiba que ele não procura receber quantias pertencentes a pessoa alguma, quer negociantes, quer empregados públicos, que não se envolve em negócios de pessoa alguma — entretanto, milhares de Procuradores pro- curam aquelas a que ele tem incontestável direito! E por consequência o fazem para si!

ANT. — Rapaz, não te aflijas; bem sei que ainda há poucos dias mentiram-te, mas a verdade há-de brilhar, e em tempo — espera mais três dias.

FRED. — Suponha o meu pai que certo indivíduo que tem de passar um documento — morreu, ou viajou, mas que há todas as participações necessárias na repartição competente para pagar e fazer a descarga; pode alguém estorvar ou opor quaisquer obstáculos? Certamente que não. *(Caminhando e ciando com as mãos).* Pois é o que tem acontecido para com o meu amigo.

ANT. — Sei, eu sei de tudo isso. É uma linda comédia! É... *(de repente).* Quem o mandou ser Advogado! Quem o mandou ser Médico! Quem o mandou ser filósofo! Para que fez-se político, frade, botânico e não sei que mais?

FRED. *(tomando posição bem séria)* — Respondo — Deus ou uma de suas Partes... não. Deus ou a Natureza! Nos espíritos de todos os entes animados foram... estes eram Eu (ou seus corpos foram em geral por mim animados! Os inanimados parece haverem de mim recebido certa animação! Assim me fez Deus — ou a Natureza.

ANT. — Então, foste um tolo!

FRED. — Não, meu pai, fui, sou e serei — o que Esse mesmo Deus ou essa mesma Natureza quis, quer e quiser que eu seja.

MAN. *(à parte, rindo-se)* — E que tal o Sr. Frede- rico! Falou agora que ninguém pode com ele! nem o próprio Sr. doutor pai dele pode responder-lhe. Está embatucado! *(Abanando ligeiramente a cabeça para diante, com um chapéu muito alto, mais largo em cima do que embaixo).* Sim Sinhô; sim... Sinhô; é assim mesmo sim sinhô; tem razão; é como o Sinhô Frederico diz! Agora hão de ver... e eu já vou... *(Mete a mão por entre as calças, colete, casaca, e não acha o que procura; fica muito sentido).* Perdi, perdi tudo! tudo! *(E põe-se a chorar como uma criança).*

ATO II
Cena I

LEVA-REMOS *(entrando em uma sala com aparência ou similhança de loja; para o caixeiro)* — O Sr. tem roupa feita?

ROSCÁLIA *(caixeiro)* — Sim, Sr. *(Sobe uma escada e apresenta no balcão algumas caixas, abrindo-as.)* — Eis aqui da melhor que há.

LEVA-REMOS *(tirando, vestindo, despindo, mirando-se num espelho; para o caixeiro)* — Uma está larga, outra comprida, esta curta, aquela apertada... finalmente: aual é o menor preço por que vende cada uma?

ROSC. — O Sr. é bem falto de conhecimento. É bem impertinente! Pois não vê que esta calça *(pegando-a)* lhe está boa?! Que melhor quer? O colete, não há alfaiate que lhe possa fazer igual. Agora que mais quer? Leve este casaco *(pegando em uma peça da obra, que não era casaco, mas camisa)* isto está-lhe bom! Muito bom! Ande, e não paga nada!

LEVA-REMOS *(à parte)* — Que generosidade de amigo. Amanhã *(apontando com o dedo polegar)* mandar-me-á a conta a casa; e se eu não lha pagar, no dia seguinte o meirinho! Pensa que ainda não o conheço! Para cá vem bem, de carro: sege ou carrinho!

ROSC. — Então não quer? Não servem?

LEVA-REMOS — Está tudo muito bom! Vou mudar. *(Despe-se e muda).* Pronto! fica essa que já está algum tanto enxovalhada, e eu vou com esta *(voltan- do-se todo).* O meu chapéu *(procura e não acha)!* Hei-de ir agora sem... com a calva *(muito desconsolado)* à mostra!? *(passeando e virando-se para o caixeiro, de repente):* O Sr. não tem chapéus?

ROSC. — Tenho; tenho. Já o sirvo; é num pulo. *(Salta à escada e atira com três ou quatro caixas embaixo).* Eis aqui um; este há-de servir-lhe. *(Tudo muito apressadamente).* Olhe, pegue, veja; é dos mais finos que se fabricam em An- tuérpia, que são os de mais fama. *(O indivíduo pega num para experimentar e o caixeiro dá um salto e encaixa-lhe na cabeça).*

LEVA-REMOS — Com efeito, este é grande demais *(atira-o na prateleira).* Vejamos outro. *(Pega em outro).* Oh! este talvez me sirva.

ROSC. *(tirando-o quando ele ia pôr na cabeça e atirando-o para dentro)* — Não vê que este é muito grande!? Pegue este outro. *(Agarra a caixa de um outro e quer ver se lhe serve, pondo-lho na cabeça).*

LEVA-REMOS *(pegando o chapéu e atirando-o à cara de Roscálio)* — Fique com ele, seu brejeiro!

ROSC. — Ah! não me quer; pois há-de despir a roupa que lhe dei, ou há-de ir nu, ou há-de ir de roupa velha! Que marreco! Queria ir de roupa nova visitar... oh! *(Bate com a mão na cabeça).* Era... *(muito admirado)* uma, mais uma, depois de tantas experiências, que ia fazer: vestir roupa nova para beijar mulher nova. Muito bem! Muito bem, Sr. Doutor! Muito bem! Muito bem!

LEVA-REMOS — Nunca pensei que o Sr. fosse tão ordinário *(tira ligeiramente a calça, veste a com que andava e atira na cara a que tirou, faz o mesmo ao colete, veste o seu e dá-lhe com ele no nariz).* Come-o, bandalho! *(Tira a sobrecasaca ou paletó e soca-o na boca do caixeiro e esfrega-lh'o nos ouvidos, nos olhos, dizendo)* Ouve! Morde! Cheira!

(Roscálio conserva-se humilde, espantado, sofre calado e resignado. Leva-Remos sai).

ROSC. *(só e com as obras na mão)* — Meu Deus! Onde tinha eu esta cabeça! Onde estava o meu pouco juízo — quando maltratei este homem! Eu não o conheci. *(Batendo nas faces).* Perdoai-me, meu Deus! perdoai-me! Ele me havia tratado sempre tão bem e eu fui tão cruel para com ele! Como eu sinto o efeito dos benefícios esparzidos por este Homem-Deus! Que alma grande! Como agora vejo que ele se espalha como o vento por toda a parte: como ele faz-se ouvir na Europa, na Ásia, na África e na Oceania! Já não falo na América, que tão perto fica... que é onde vivemos! mas nas mais longínquas partes dos dois hemisférios. Que Grandeza de Homem! É Onipotente *(cai de joelhos, com as mãos postas).* A ele imploro — perdão *(batendo nos peitos)* de minhas culpas; de meus pecados! A ele imploro que por mim interceda... se algum outro tem de punir-me, ou julgar-me! *(Cai de bruços, gritando)* Ai!

LEVARRIBA *(dono da loja, para o caixeiro)* — Que é isto, rapaz, homem, criança? *(À parte):* Estará morto este diabo? *(Bate-lhe com um pé).* Ó mo- leque! diabo! *(À parte):* Não fala! Isto está morto mesmo! É um monte de carne de boi que está aqui estendido. Ainda terei o trabalho de mandar pôr este maluco no cemitério!? Não! vou mandá-lo pôr na praia! *(Chega a uma porta e chama cangueiros).* Ó rapazes! rapazes, venham cá.

CANGUEIROS— Prontos, Senhor!

LEVARRIBA— Vocês são capazes de botar na praia este boi morto?

CANG. — Não Sr.! Deus nos livre! Ele é gente?

LEVARRIBA— Qual gente?! Isto é um monte; é um monturo que está aqui *(dá-lhe pontapés e ele não se mexe)*, vocês estão vendo? Está morto. Levem-o, levem-o. É pago bem o seu trabalho.

CANG. *(saindo)* — Não Sr.! não Sr.! Nós não po- demos não!

LEVARRIBA — Ora, senhor *(ansiado)*. Como me hei-de eu ver livre deste diabo!? Por mais que pense, que cogite, não sei... Ah! *(ouve-se o barulho de uma carroça)* vou chamar: Ó carroceiro, vem cá!

CARROCEIRO — Não posso; estou com pressa.

LEVARRIBA *(virando-se para dentro, muito zangado)* — Não sei que hei-de fazer deste... ah! já sei! *(Agarra-o por uma perna e puxando-o)*. Pesa como todos os diabos! Mas há-de ir. Há-de sair. E fede. Morreu há uma hora, e já se o não pode aturar. Pois isto comia mais do que um boi roceiro. Amanhecia comendo, levantava-se comendo, trabalhava comendo, deitava-se comendo, dormia comendo! *(Torna a puxar e arrasta um bocadinho)*. Ah! ele sempre vai saindo, e há-de sair, quer queira, quer não, há-de ir.

LEVA-REMOS *(chegando)* — Oh! que vejo! Roscália morto! Estou estupefato!

LEVARRIBA — Pega desse lado, que eu pego deste. *(O caixeiro quer levantar-se, mas não pode)*. Agora quer levantar-se, que não, hei-de pô-lo na rua!

(O caixeiro grita que lhe acudam). Nada! nada! Há-de ir quer queira, quer não! *(Sempre com o amigo, fazendo o maior esforço para pô-lo fora da porta)*.

LEVA-REMOS — Pesa mais que trezentas arroubas! Tenho visto pegar em pipas incomparavelmente mais levianas.

LEVARRIBA — Coragem! Esforço; e ele há-de sair.

ROSC. *(gritando)* — Ai! quem me acode? Quem me acode?

LEVA-REMOS — Não lhe valem agora os gritos! Há-de ir, há-de ir *(tanto puxam e arrastam que chegam a pô-lo fora)*.

LEVARRIBA — Graças a Deus! estamos livres deste diabão! *(Cheira as mãos)*. Fum! Como fede! que porco! Ainda sujou-me nas mãos antes de sair! Safa — com tal porcalhão! Custou--nos *(para o amigo)*; mas vencemos!

ATO III

(*Uma sala, algumas mulheres e alguns homens*)

Cena I

UMA DELAS — Tenho o prazer de apresentar-lhes o Sr. Quadrado, há pouco vindo da Europa... dos Estados Unidos, onde aprendeu a arte de tudo quebrar e nada endireitar! Quer fazer aqui algumas experiências. Quer divertir-nos por alguns minutos: será um pequeno espetáculo em uma das mais admiráveis artes.

QUADRADO — Pouco, minhas Sras., sei fazer; pouco estudei *(arregaçando as mangas):* ainda assim farei o que puder, e do melhor modo possível, para entretê-las. *(Dirigindo-se a um dos circunstantes.)* Faz-me o obséquio do seu relógio?

UM DOS CIRCUNSTANTES *(tirando-lhe da algibeira)* — Pois não! Ei-lo! *(Apresenta-o).*

QUADRADO — *(tirando um martelinho da algibeira, bate no relógio e quebra-o, dizendo)* — Nunca fiz uma operação tão bem feita! *(Põe os cacos em cima de uma mesa. Dirige-se a uma Sra. e pede-lhe o leque com que se abanava. Seus pedidos são feitos com a maior urbanidade; tira do bolso outro instrumento e com ele põe o leque em um bolso, dizendo):* Pode-se com este jogar a carambola! *(Pede a outra um lenço; com uma tesourinha pica-o e põe em cima de outra mesa, dizendo):* Está ótimo o guisado! *(Bem como o leque em cima de outra. Pega em uma manga de vidro, quebra e atira com os pedaços para cima da outra. Reina no salão o mais profundo silêncio. Apenas de vez em quando se ouve alguma voz de Sra.):* Se ele não conserta, estamos bem servidas, principalmente a dona da casa, que fez-nos o honra de apresentá-lo. Se não consertar — a desonra! Se deixar tudo quebrado, embrulhado, picado...

QUADRADO — Quebrei *(passeando)* relógios! Estraguei um leque; piquei um lenço; quebrei; pus em estilhaços uma manga de vidro! E como agora há-de ser!? Nada *(em voz baixa)* posso consertar, porque nada aprendi. E agora, com que cara fico!?

O que hei-de fazer! Enlouqueço... não! Pedir desculpas... não devo! Compor... não posso. Que hei-de eu fazer!? *(Divisam-se sorrisos em todos os semblantes).* Já sei! *(Com desdém)* tornar-me-ei estúrdio...

UNS PARA OUTROS — Querem ver que o Quadrado ainda é aquele gaiato! aquele brejeiro! aquele extravagante de outros tempos!?

OUTROS — Ele não faz senão passear... Parece que está a bordo de algum navio... Estamos perdidos!

OUTROS — Babou-nos!

UMA MULHER — O dono do relógio é que se há-de se ver em apuros!

OUTRA — Qual apuros. Ele que quebrou, é porque tem capacidade para compor. Esperem... está estudando a matéria; logo mais há-de pô-la em discussão!

A DONA DO LENÇO *(para uma amiga)* — Minha amiga, estou sem lenço! E que caro me custou! É do preço de 50$ rs., comprado na loja do Leite.

AMIGA — Isso não é nada! E o meu leque esmaltado das mais finas pérolas, com botões de ouro e algumas estrelinhas de brilhantes! Isso é que é. Sabes quanto me custou? Se estou bem lembrada, é do preço... não direi, mas calcula pela qualidade o que devia valer!

A DONA DA CASA — Pois eu não faço caso das mangas que ele quebrou, conquanto também fossem de algum valor. Além disso estão muito apurados! *(Espiam, olham, riem-se).* Se ele não endireitar tudo... nem eu! fiquem bem certas disso!

UMA DELAS — Isso sabemos nós; pela minha parte, perdôo-lhe de bom grado qualquer prejuízo que me haja dado.

OUTRA — E eu faço o mesmo.

O DONO DO RELÓGIO *(muito desconsolado)* — E eu que hei-de fazer, senão também perdoar-lhe qualquer prejuízo que me dê? Agora está quebrado... que lhe hei-de fazer? Aproveitarei as peças e mandarei para o Rio compô-lo. Aqui os relojoeiros só têm o título de tais; mas em verdade, não passam de atamancadores; se *(mexendo-se na cadeira)* não se puder endireitar, também a perda é pequena; custou-me... receber das mãos do amigo, que me fez o obséquio de presentear-m'o! A corrente é que foi um pouco mais cara... entretanto, seja o que for; aconteça o que acontecer; calados devemos sofrer.

UMA VOZ — E ele não conserta cousa alguma: vocês hão-de ver!

QUADRADO *(muito triste e pensativo)* — Que esperam os Srs. e as Sras.!? Pode cada qual retirar-se para sua casa.

(Há gargalhados gerais)

UMAS VOZES — Eu não dizia?

OUTRAS — É bem feito! Não o conheciam?

ALGUMAS — Pensávamos que ele já tivesse juízo! Pregou-nos a maior peça que se pede imaginar!

ALGUMAS OUTRAS — Não era de esperar outra cousa. O diabo do homem ainda não mudou!

OUTRAS — Vejam, vejam.

QUADRADO — Qual mudou nem mudou. Não sabem que os vidros quebrados, só com a máquina e fogo se consertam? Que a fazenda cortada, com agulha e linho se emenda!? que eu não tenho máquina, nem fogo, agulha, nem linha? Que não sou relojoeiro? Hem? Hem?

A DONA DO LEQUE — E o meu leque *(muito sentimentalmente)*, Sr. Quadrado, hem? hem? *(Aproximando-se dele)*. Não diz nada? Não fala?! Deixa estar *(muito triste)* que o Sr. há-de pagar. Nunca mais hei- de olhar para a sua cara!

QUADRADO — Pois que querem que eu faça, meninas?! *(Põe-se a chorar e a pedir outro lenço para enxugar as lágrimas)*. Que hei-de eu fazer para não ser odiado deste anjinho?

UMA DELAS — Sim; pois ainda quer outro!? É bem tolo.

QUADRADO — Meu Deus dos céus! estou perdido! *(Pondo as mãos na cabeça)* Perdido! Perdidíssimo. Minha querida! minha queridinha! Me ame! Me minta ao menos para consolar-me! Diga que me per- doa, sim! Sim — seja religiosa — por obra de misericórdia... Sim, minha queridinha *(aproximando dela)*, a Sra é tão bonitinha... *(pondo-lhe a mão no rosto)* perdoa-me, sim? perdoa-me, diga-me — que sim; senão eu morro de paixão Ai!

(curvando-se) que dor de cabeça eu sinto! Me acudam! *(Com uma mão na cabeça e outra no peito, corre pela casa toda, gritando):* me acudam, senão eu morro! Me acudam!

(Todas levantam-se, querem agarrá-lo, não podem)

UMA PREJUDICADA *(para as outras)* — Ele está doido! Qual doente, está fazendo estas partes para inspirar compaixão... Vamos dar-lhe algum remédio! Vamos! Vamos!

OUTRA — Mas ele não deixa pessoa alguma chegar perto dele! E que se lhe há-de fazer!?

ALGUMAS — O que lhe faz bem, Sr. Quadrado, quando o Sr. está atacado deste mal, a que estas Sras. chamam padecimento ou sofrimento em suas faculdades mentais!?

QUADRADO — Uma ajuda com pimenta! Uma ajuda com pimenta, sal ou pimentão. Um crister ou cristel em seringa ou cheringa de repuxos de pimenta! de pimenta! Sim! Sim! *(Até que cai).*

(Todos o cercam, buscam remédios, fazem-lhe fricções, lamentam seus sofrimentos, etc.)

UM DOS CIRCUNSTANTES *(para a platéia)* — Aproveitamos a lição para não confiarmo-nos — de quem não conhecemos, nem cremos em impossíveis!

ATO IV
Cena I

(Entram quatro Sras., um homem as recebe muito carinhosamente e as faz sentar)

UMA DELAS — Mora, meu Sr., nesta casa, o Sr...

O HOMEM — Fernandinho de Noronha; não, minha Sra.?

ELA — Creio que sim; casado com a Exma. Sra. D. Pulquéria de...

O HOMEM — Sim, minha Sra.; V. Sa. não se engana; é aqui mesmo. Deseja falar-lhe?

ELA — Sim Sr.; é minha amiga de infância, a quem muito amo e estimo.

O HOMEM — Vossa... é a Sra. D. Rumânica?

ELA — A mais humilde de suas criadas!

O HOMEM — Queira demorar-se alguns instantes; entreter-se com o que há em cima desta mesa, se lhe aprouver, enquanto eu vou chamá-la.

(O cenário deve ter sala em que fica D. Rumânica e quarto em que está D. Pulquéria)

O HOMEM *(entra no quarto e encontra a mulher deitada; para esta)* — Pulquéria! *(pondo-lhe a mão na cabeça, no ombro, corpo, etc.)* Pulquéria! Estás dormindo? Não ouves? Levanta-te! Está aí uma visita que te quer falar! é D. Rumânica — a tua amiga de infância. Anda!

(Pulquéria não fala)

O HOMEM *(marido)* — Ah! tu não ouves! não respondes! estás dormindo! Pois bem, vou pregar-te uma peça que te há-de escarmentar *(À parte).* Vou pôr-me a gritar, e ela há-de se levantar.

MARIDO *(com as mãos na cabeça)* — Pulquéria! Pulquéria! Roubaram a nossa querida filha! Levanta-te! Corre! Procura-a! *(A mulher salta em fraldas de camisa, cheia de espanto, procurando com a vista por todos os lados do quarto).*

TWO BROTHERS

Notes for a comedy

Characters

António, Attorney-at-law
José
Manuel
Frederico
Pulquéria
Lev'arriba
Roscalia, Lev'arriba's salesclerk
Leva-Remos
Quadrado, Roscalia's friend
Loafers
Cart driver
Women, men, a visitor and the figures of the 5th Tableau[17]

ACT I

ANTONIO (*to Joseph*) — Have you met Pedro, the Mariner yet?

JOSEPH — No, I don't. Who is he? Where does he live? Is it something eatable, drinkable, wearable? Or something to sleep with, to walk with or to dance with? (E*ach word — eatable, drinkable, etc. — is mimicked with the mouth, lips, etc.).*

ANTONIO — No, nothing of the sort; he is only my blood brother; (*squeezes twice his arms, moving his fingers*) one that I have, I had and would have to have if I wanted to go... no! if he wanted to come!

JOSEPH — But... you say so much... so many different things that I don't know how to answer! You have asked me if I know

[17] The play has no fifth tableau.

Pedro, the Mariner; — and then... I don't know what to tell you! You are, I am, I was, I am, and I would be!

ANTONIO (*apart*) — The answer is according to the question. (*To José*) But tell me something (*pressing José' s nose*) — Do you or don't you know him? (*Pressing his nose again with so much energy that his head is shaken*). Will you or won't you tell me?

JOSEPH (*moving backwards*) — Bloody hell! Leave me alone! Leave me alone! You have already pressed my nose! Why don't you go and pull your crooked grandmother's chin? (*Antonio pulls his chin*).

ANTONIO (*apart*) — I was doing him a benefit (*pointing*) by making his nose bigger; and he didn't want it! He doesn't want it! Well then, in that case you shall lose your nose! (*Angrily*).

MANOEL (*tiptoeing, clapping hands and entering. You know — the weirdest figure one can possibly imagine*) — Excuse me, Sir, Your Honor! Hum? Hum? Would you? I want to come in. You already know I'm all yours! That I want you, that I desire you, that I love you! Come on! Oh, he cannot come in; in that case, I'm going instead! (*Comes closer*).

ANTONIO (*turning suddenly with one hand in his ear*) — Voices! Whose voices are these? Could they be... oh! Ah! It is my most distinguished friend Rubicundo!

MAN. — No, I'm not! I'm your old friend (*tapping lightly on his back*) Manuel, the whimperer! Yes, I am, I am; can't you hear me?

ANTONIO (*turning slowly and holding out hand over his neck*) — Ah! (*Dragging his feet, his head up like a blind man, his mouth wide open*) Ah, it is you! (*Feeling with his hands*) ah! Am I still happy! Have I still found my friend Manuel! I lack nothing! Where did you come from? Didn't you see my brother José over there? Hum? You were... why, why, where were you? (*placing his hand in Manoel's chest*).

MANUEL — I do not know him; I don't know; did you still have this brother, sir, at that time?

ANTONIO — Bloody hell! Can't you remember my brother, with whom you used to play, eat and sleep! So... or do you think that I'm honouring myself more than what I am, by saying I do have this brother? (*Pulls his arm*).

MANUEL — That is not what I mean at all; what I'm saying is that he seems to have forgotten you! Ah! It must have been a dream, a vision, or I don't know what kind of illusion — that made me think he no longer thought about you if he didn't... didn't... write to you, but from century to century!

FREDERICO (*entering and placing his hat on a table*) — I have come here today earlier than the Devil! I have wandered around, I have been everywhere; I'm bathed in sweat or sweating in tears — which amounts to the same thing! (*Walking*). I have been searching, looking, finding, but nothing discovering! (Taking *his hat and throwing it away*). This is hell! Worse than hell, it is the devil, not a hat...I've asked this demon what I should do (*pointing at the hat lying on the floor*). It told me that I should be a Minister, that I should earn nothing for it and that I should give instead; that I should lose my home, and everything. And I told him not to be crazy! I told him that to hold public office is not necessary to lose everything! And I went away looking for what rightfully belongs to me! In a certain place (*he takes his hat and puts it on his head*) I asked the frock coat (*looking at himself*) or coat, which I also don't know exactly what it is, if it knew how many promises had been made to me, imposing conditions, and how many had been broken! (*With a graceful air*): What should I answer?! That it should go to Tambicu! I asked: "who is this Tambicu?!" He remained as silent as deep waters at the bottom of the sea! I was startled: but I also remained silent. The pants, which saw me speechless — what should be done? Pinch me! I feel the pain, and with it I hear a voice: "You don't want to hear me! You will regret it; Do you hear or not? You're deaf! All right; you will regret it; let it be! No: you'd better listen and respond, if you want to have". Oh pants! (*Pulling them*). What effect do words have on your speech! Let it be?

ANTONIO — Oh, my young man, you look always troubled. Nothing pleases you. Nothing satisfies you.

MANUEL (*to Antonio*) — Ah! Sir, is this boy your son?

ANTONIO — No, he is not my son, but he is more than a son; I love him dearly.

FREDERICO (*to Manuel*) — And you, sir, what do you care (*very rudely*), what do you care if I am the son, the father or the doctor of my grandfather? Does my life perchance belong to you? Are you married to me?

MANUEL — This son of yours is the devil in person!

FREDERICO (*to his father*)— Well, Father, I shouldn't about all this nonsense; all this madness; all this foolishness today and rubbish tomorrow!

ANTONIO — My boy, you are diametrically upset today, aren't you? I don't even recognize you.

FREDERICO — Good; Your Honour has a degree in national, foreign, canon law and I don't know what else. Tell me: a friend of mine rented one of his properties to the National Treasury for them to keep some objects; there was a fixed price; there were payment orders, the evidence of which were produced; however, new hindrances appear every day and for almost one year he hasn't received such payments. Now new and contrary information comes about, now price issues arise; and later certification issues; tomorrow it will have to do with property rights; another day — debt discount, as if the Treasury were a competent judge to hear these commercial issues; or a clerk of this or that one called creditor; to give discounts, he accepts embargoes or similar things; whether it is true or not what he claims to be true, after hearing the opposite party, or whoever claims to be the creditor, is something that no one understands! Today there comes an order, tomorrow it will have been nothing more than an illusion! And then...

ANTONIO — Your talk is sheer rigmarole. I wonder where you're going to end up! Wait, you fool — and you will be happy. You don't want to wait, you're in a hurry... you are stubborn.

FREDERICO — Doesn't my father know that a certain individual has intended to forcefully establish himself as an Attorney for others?

ANTONIO — Speak, my boy, speak.

FREDERICO — I forgot the most important thing I wanted to tell you — and that is... but... (*waving his hand over his head*) it appears to me that... Yes. Everybody knows that he doesn't try to get money from others, whether traders or public employees, that he does not get involved in anyone's business; however, thousands of attorneys look for those towards whom he has undeniable rights! and consequently they do it for themselves!

ANTONIO — Boy, don't you worry; I know that just a few days ago you were lied to, but the truth will come out, and in time, too — wait three more days.

FREDERICO — Suppose that a certain individual who must issue a document dies or is travelling, but in the competent department there are all the necessary measures to settle the payment and give discharge; can anyone hinder it or pose any obstacles? Certainly not. (*Walking and moving backwards with his hands*). That's what happened to my friend.

ANTONIO — Yes, yes, I know all that; that's a nice joke! It is... (*suddenly*) who told you to become a lawyer? Or a medical-mMan? Who told you to be a philosopher? Why not a politician, a friar, a botanist or I don't know what else!

FREDERICO (*taking a very serious stand*) — I'll answer you — God or one of his Parties... no... either God or Nature! The spirits of all animated entities were... were Me, or their bodies were in general animated by me! The inanimate ones seem to have received some animation from me! Thus did God make me — or Nature did.

ANTONIO — So, you have been a fool!

FREDERICO — No, my dad, I was, I am, and I will be — whatever this God or this Nature wanted, wants and wishes that I become.

MAN. (*apart, laughing*) — And what about that Mr. Frederico! He has just said that no one can beat him! Not even his own father can answer him back. He's worried about something! (*Rocking his head slightly forward, with a tall hat, wider at the top than at the bottom*). Yes, sir, yes, sir; that's the way it is; you are right; it is as Mr. Frederico says! Now you shall see... and I'm going away... (*Puts his hand inside his pants, vest, coat, but doesn't find what he's looking for; he is really sorry*). I've lost everything! I've lost everything! (*Starts crying like a baby*).

ACT II
Scene I

OAR-CARRIER (*entering a room that looks or resembles a store; to the clerk*) — Do you have ready-to-wear clothes?

ROSCÁLIA (*salesclerk*) — Yes, sir. (he c*limbs a ladder and places some boxes on the counter, opening them*) — These are the best ones ever.

OAR-CARRIER — (*taking his clothes off, trying the store's on, taking them off, looking at himself in a mirror; to the salesclerk*) — One is loose, one is long, this one is short, that one is tight... to cut it short: what is the lowest price you would sell each one of them?

ROSC. — You have no idea what you're talking about. You are very cheeky! Well, can't you see that these pants (*taking them in his hands*) become you nicely? What else do you want? No tailor could possibly make a better vest than this. Now what else do you want? Take this coat (*taking a piece from the collection, which was not a coat, but a shirt*); it really fits you! Very good! Go away; there is nothing to pay for!

OAR-CARRIER (*aside*) — How generous a friend you are. Tomorrow (*pointing with his thumb*) send me the bill at home; and if I don't pay, the bailiff will do his job the next day! You still think I don't know you! You have two comfortable means to get here: either in a carriage or in a hansom!

ROSC. — So, don't you want them? Don't they fit you?

OAR-CARRIER — It's all very good! I'm going to change. (*He undresses and changes*). I'm ready! You can keep this one that's already a little messed up, and I'll take this one (*turning around*). My hat... (*he looks for it and can't find it*)! I'll leave without my hat... and with my bald head (*very disconsolate*) showing! (*Walking and suddenly turning to the clerk*): Don't you have any hats?

ROSC. — Yes, I do; I do; just a moment; I'll show them to you. It will take only two minutes. (*He climbs quickly up the stairs and throws three or four boxes below.)* Here's one; it will fit you. (*All this happens hastily*). Look, take it; it is one of the finest hats made in Antwerp, where the most famous hats in the world come from. (*The creature takes one to try and the clerk jumps up and fits it on the man's head*).

OAR-CARRIER — Indeed, this one is too big (*throws it on the shelf*). Let's see another (he *picks up another*). Oh! This one might fit me.

ROSC. (*taking it off when he was about to put it on his head and throwing it inside*) — Can't you see that this one is too big!? Take this other one. (*He grabs the box with another hat and tries it on).*

OAR-CARRIER (*picking up the hat and throwing it in Roscalio's face*) — Keep it to yourself, you rascal!

ROSC. — Oh! Don't you want me to help you any longer? So you will take off the clothes I Ive given you to try on, or you will be naked, or put on your old clothes back! What a crafty man you are! You wanted to visit someone in these new clothes... oh! (*Slaps his head)* It was... (*stunned*) one, one more, after so many experiences, that you were going to enjoy: wearing new clothes to kiss a new woman. Fine! That's really fine, mister! Great! Indeed!

OAR-CARRIER — I've never thought you could be so vulgar (*he takes off his trousers, puts on the ones he was wearing before, throws the ones he took off in the man's face and does the same with the vest, puts on his own and hits him in the nose*). Eat it, you bastard! (*He takes off his coat or jacket and presses it into the clerk's mouth and rubs it in his ears and eyes, saying*): Listen! Bite! Smell! (*Rosalio remains humbly amazed, suffering in silence and with resignation. The oar-carrier leaves*).

ROSC. (*alone and with the pieces of clothing in his hand*) — My God! What was I thinking of? Where was the little sense I have... by mistreating this man? I didn't know him. (*Slapping his own cheeks*). Forgive me, my Lord, forgive me! He had treated me so well and I was so cruel to him! How deeply I feel the effect of the benefits spread by this God-man! What a great soul! How clearly now I can see that he spreads like the wind everywhere: how he makes himself heard in Europe, in

Asia, in Africa and in Oceania! I'm not talking about America, which is so close... That's where we live! but about the most distant places of the two hemispheres. What a Great Man! He is Omnipotent (*he falls to his knees, with his hands folded*). I beg him to forgive (*hitting his chest*) my sins, my sins! I beg him to intercede on my behalf... if someone else may want to punish me or judge me! (*He falls face down, screaming*) Oh!

LEV'ARRIBA (*shop owner, to the clerk*) — What is this — a boy, a man, a child? (*Aside*): Could this devil be dead? (*Striking him with one foot*). You rascal! Little devil! (*Apart*) He doesn't speak! This one is dead indeed! A big chunk of beef lying around here. Should I still take the trouble of taking this crazy individual to the cemetery!? No! Not me. I'll have him taken to the beach! (*He reaches a door and calls the lazybones outside*) Oh boys! boys, come here.

LAZY MEN — Yes, at your service, Sir!

LEV'ARRIBA — Can you take this his dead ox to the beach and leave it there?

LAZY MEN — No, sir! God forbid! Isn't he a human being?

LEV'ARRIBA — A human being? No way! This is a heap of rubbish. (*Kicking him; he doesn't move*), Can't you see? Stone dead. Take him away, take him away. You will be paid handsomely.

LAZY MEN (*leaving*) — No, Sir.! We cannot do it! We cannot!

LEV'ARRIBA —Oh, God! (*Anxiously*). How can I get rid of this devil!? However much I think and ponder, I still see no light... Oh! (*The sound of a cart can be heard*) I'm going to call him over. Cart driver, come over here!

CART DRIVER — I cannot help you; I am in a hurry.

LEV'ARRIBA (*turning angrily inside*) — I don't know what I'm going to do with this one... oh! I got it! (He *grabs him by one leg and pulls him*). It is really heavy! But he has to go. He will go! Besides, it stinks, too. He died an hour ago, and the smell is already intolerable. Well, this one could eat more than a bull. He would wake up eating, get up eating, work eating, go to bed eating, fall asleep eating! (*He pulls again and manages drag the body a little*). Ah! He will be leaving, he will leave, whether he likes it or not; he will go away!

OAR-CARRIER (*entering*) — Oh! What is this? Is Roscalia dead? I am absolutely stupefied!

LEV'ARRIBA — You take him from this side, I'll take him from the other side. (*The clerk tries to get up, but he can't*). Now he wants to get up; no, I'll throw him out on the street! (*The clerk shouts for help*). No, you shall go whether you want or not (*always alongside his friend, making every effort to get him out the, door*).

OAR-CARRIER — He weighs more than one hundred kilos! I have seen people drag half pints incomparably lighter.

LEV'ARRIBA — Be brave and strong; and he will get out of here.

ROSC. (*screaming*) — Oh! Can anyone help me? Can anyone help me?

OAR-CARRIER — There's no use screaming now; you have to go (*they pull and drag him until he is finally put in the street*).

LEV'ARRIBA — Thank God, we have rid ourselves of this horrible devil! (*smelling his hands*). Yuck! How he stinks! What a pig! He even got my hands dirty before leaving! What a rascal — such a slob! We've had a hard time but we've won!

ACT III

(A room, some women and some men)

Scene I

ONE OF THE WOMEN — I am very pleased to present you Mr. Quadrado, who has just returned from Europe... from the United States of America, where he has learnt the art of breaking everything and straightening nothing! He would like to carry out some experiments to entertain us for a few minutes: it will be a light show in one of the most admirable arts.

QUADRADO — I don't know much, my ladies; I haven't studied much (*rolling up his sleeves*): still, I'll do whatever I can and in the best way possible, to entertain you (*talking to one of the bystanders*). Could be so gracious as to lend me your pocket watch for a moment?

ONE OF THE BYSTANDERS (*getting his watch from his coat pocket*) — Sure! Here you are (*producing the watch*).

QUADRADO (*Taking a hammer from his pocket, hitting the watch and breaking it, while saying at the same time*) — I've never done a better operation! (*He places the shards on a table and then asks a lady to lend him the fan she was using; he does it with the greatest politeness, and takes another instrument from his pocket and uses it to place the fan in one of his pockets, saying*): You can play carom with this one! (*He asks the other woman for a handkerchief, which he cuts with his little scissors and places it on another table, saying*): The stew is great! (*Placing the fan on top of another table; taking a glass cylinder, breaking it and throwing the pieces onto the other woman. The deepest silence reigns in the room. Only from time to time a lady's voice can be heard*): If he doesn't fix it later, there will be trouble, especially for the owner of the house, who did us the honor of introducing him. If he doesn't fix it — what a disgrace! If he leaves everything bombarded, packaged, chopped...

QUADRADO — I've broken (*while walking*) watches! I've ruined a fan; I've chopped a handkerchief; I've shattered a glass cylinder! And what now? What can be done? Can't fix anything (*in a low voice*), because I've learned nothing. And now, what can I do to save face?! I'm going crazy! No! Should I apologize? No, I shouldn't... Should I calm down? No, I can't. What should I do!? (*A smile can be seen on everyone's faces*). Eureka! I know what I'll do! (*With disdain*) I will feign mental disorder.

ALL PRESENT, ONE TO EACH OTHER — You will see that Quadrado is still the same naughty boy he has ever been! An impish thing! The same eccentric man of former times!

THE OTHERS —He doesn't do anything but go for a walk... It looks as though he were aboard some ship... We are all lost!

OTHERS — He has mesmerized us all!

A WOMAN — The owner of the watch will be in hot water!

ANOTHER WOMAN — No; he won't! If he broke the watch it is because he knows how to fix it again. Wait... he is studying the subject; he'll soon put it up for discussion!

THE KERCHIEF'S OWNER (*to a friend*) — My friend, I don't have my scarf anymore! And it cost me dearly! I paid $50 for it and bought it at Leite's store.

THE FRIEND — That's peanuts! What about my enameled fan adorned with the finest pearls, with gold buttons and some diamond stars? How much did I pay for it? If my memory serves me right, it cost me... I won't say, but judging from its high quality, you can imagine how much it is worth!

THE HOUSEWIFE — Well, I don't care about the glass cylinders he broke, even though they were of some value. Furthermore, you are all too anxious! (*They look sideways and laugh*). If he doesn't straighten everything out... I won't either! Be very sure of this!

ONE OF THEM — We know very well; as form me, I can gladly forgive him for any harm he may have caused me.

ANOTHER — And I shall do the same.

THE WATCH OWNER (*extremely upset*) — And what shall I do but forgive him for any harm he caused me? Now it's broken... What hall I do with it? I will gather the pieces and send them to Rio to be restored. The watchmakers here only have the title as such; but in truth, they are absolutely unqualified. Anyway, if (*moving in the chair*) it is not possible to straighten it up, the loss is small; it cost me... I received it from a friend of mine, who gave it to me as a gift! The chain was a little more expensive... but come what may, in silence must we suffer.

A VOICE — And he won't fix anything, you will see!

SQUARE (*very sad and thoughtful*) — What are you all waiting for? Go back home! (*laughter throughout*).

A FEW VOICES — Haven't I told you?

OTHER VOICES — It serves you right! Didn't you know who he was?

SOME VOICES — We thought he knew better! But he played the cheapest trick ever on us!

SOME OTHER VOICES — You couldn't expect anything else from him; that base creature hasn't changed a bit.

OTHERS — Well... well...

QUADRADO — Having changed or not makes no difference. Don't you know that broken glass can only be mended with a machine and fire? That any fabric, after being cut can only be patched with a needle and thread!? That I have neither machine, nor fire, neither needle nor thread? That I'm not a watchmaker? Huh? Huh?

THE FAN OWNER (*melodramatically*) — And my fan, Mr. Quadrado? Huh? Huh? (*Approaching him*). Won't you say anything? Can't you speak? Let it be (*very sad*). You will still pay for it! I will never look at your face again!

QUADRADO — So what can I do, girls? (*He starts crying and asks for another handkerchief to dry his tears*). What can I do not to be hated by this little angel?

ONE OF THEM — What? And you still want another? What a fool you are!

QUADRADO — Jesus Christ! I'm lost! (*Putting his hands on his head*) I'm lost! Really lost. My darling! My little darling! Please love me! At least lie to me to give me some solace! Say you will forgive me, yes! Yes — be religious — have mercy... yes, my darling (*approaching her*), you are so cute. (*Putting his hand on her face*) Forgive me, will you? Forgive me! Say you do or I'll die! Oh! (b*ending down*) What a terrible headache I have! Help me! (*With one hand on his head and the other on his chest, he runs through the house, shouting*): Help me, or I'll die! Help me! (*They all get up, trying to grab him, but they can't*.)

A WRONGED PARTY (*to the others*) — He is completely insane! He is not sick at all! He is just feigning it to inspire sympathy... Let's give him some medicine! Let's do it!

ANOTHER WRONGED PARTY — But he won't let anyone get close to him! What shall we do?

A FEW OF THEM — Mr. Quadrado, what do you when you are when you are afflicted with this ailment, which these ladies call mental pain or suffering?

QUADRADO — Pepper! Pepper usually helps! Peper, salt or red pepper. An enema or a clyster in a syringe filled with pepper! With pepper! Pepper! Yes! Yes! (*He keeps talking until he falls* down).

(All of the them *surround him, looking for some medicine, rubbing him, lamenting his suffering, etc.*)

ONE OF THE BYSTANDERS (*to the audience*) — We can take this opportunity as a lesson about not trusting those whom we do not know, and neither believing in impossible endeavors!

ACT IV
Scene I

(*Four ladies come in, a man welcomes them affectionately and asks them to sit down*)

ONE OF THEM — Can you tell me, Sir, does Mr. — live here?

THE MAN — I'm Mr. Fernandinho de Noronha; no, madame –

ONE OF THE WOMEN — I believe he does; he's married to Her excellency Lady Pulquéria...

THE MAN — Yes, milady. You are not mistaken. Would you like to talk to her?

THE WOMAN — Yes, I would.; she was my childhood friend, and I hold her in great esteem.

THE MAN — Are you Ms. Rumânica?

THE WOMAN — Yes, your most humble servant!

THE MAN — Would you please wait here for a few minutes; you can entertain yourself with whatever is on the table, if you feel like, while I'm going to call her (*the stage must show a living room where Ms. Rumânica is and the bedroom where Mrs. Pulquéria lying)*.

THE MAN (*comes into the room and finds the woman lying down; he talks to her*) — Pulquéria! (*Placing his hand on her head, her shoulder, her body, etc.)* Pulquéria! Are you sleeping? Can't you hear me? Get up! You have a visitor. It is Ms. Rumânica, your childhood friend. Get up! (*Pulquéria does not say anything*).

THE MAN (*husband*) — Oh, you won't hear me, you won't answer me. Are you sleeping? Very well; in that case I will play a trick on you that will teach you a lesson! (*Apart*) I'll scream, and then she will get up.

HUSBAND (*with his hands on his head*) — Pulquéria! Pulquéria! Our dearest daughter has been abducted! Get up! Come on! Go after her! (*The woman leaps from the bed in her undergarments, astonished, looking all around the room).*

(CURTAIN)

UM PARTO

Uma comédia em 3 atos

Personagens

Cario
Florberta
Melquíades
Guindaste
Galante
Ruibarbo
Uma mulher
Uma criada
Uma voz

ATO I
Cena I

CÁRIO — *(assentado a uma mesa, provando algumas leves comidinhas)* O sábio o beija, o néscio arqueja! Por que será que isto se dá!? Eu sei: aquele viveu em Deus, com Deus, por Deus e para Deus; este, no diabo, com o diabo, pelo diabo e para o diabo! Eu me explico. Um é observador e cumpridor da Lei que por aquele lhe foi dada, e por Nosso Senhor Jesus Cristo — acrescentada. O outro, é cruel perseguidor de seus sectários... ou daqueles que fiéis a observam, respeitam, veneram. Eis porque, repito — quando Deus fala, o sábio se ri e se cala; o néscio teme e se abala. Ou, aquele se enche de prazer; este de medo vê-se tremer! Passando porém da religião a estas cousas que agora como, não sei o que me parecem estas comidinhas. Dão-se fatos a seu respeito; uns que me encantam, outros que me admiram; alguns que me enojam, muitos que aborrecem, diversos ou vários que me repugnam, milhares que me indignam; inúmeros para os quais não há explicação nem qualificação exata, possível... Quantas cousas me falaram hoje, ora pelo sono, ora pela forma, ora pelo gosto, ora pela espécie, ora pela cor, e também pelo sabor! Vejo que *(pegando em uma estrelinha de massa)* ninguém deve comer estrelas, mas estrelas de carne ou de fogo! Como porém estas são de massa, é de crer que mal me não façam *(Come uma.*

Pegando em outra, tira uma dentada, e a deixa quase pelo meio; olhando para ela:) Parece-me uma coroa! Não comerei. Guardarei *(Põe no prato).* Pelo gosto *(provando outra),* cheiro e sabor, dir-se-á que — envenenada está. Poremos também a um lado. Acho esta bebida *(bebendo um cálix de vinho),* com quanto espírito, assaz fraca, ou como amolecida. É cousa que também não me agrada. Não beberei mais deste liquido: veremos algum mais forte, e por isso mesmo para mim — melhor. Quê! (*Pegando em outro pedacinho de massa)* Isto é imagem de um turíbulo! Não comerei. Esta, de uma naveta, *(pegando outra)* também não quero! Provarei esta fatia. *(Corta dois ou três pedacinhos,* e come). Que tal? É sempre igual. *(Levantando-se um pouco).* Eis a barretinha de um soldado, que ofendido ou maltratado em seus brios ou dignidade, na Vila Nova do velho Triunfo, por um seu capitão, em princípios da infausta, nefanda, prejudicial e mais que indigna revolução de 1835, teve a precisa coragem para salvar sua honra e dignidade; para dar um imitável exemplo a seus camaradas; para meter um dedo do pé no pinguelo da espingarda, encostar a boca desta no peito em frente ao coração, e disparar assim estrondoso tiro, que o transportou instantaneamente à presença do Eterno. Feliz soldado, era de um batalhão cujo título ou número não me lembro; suponho que paraense, e em o qual havia um capitão com o nome — Chaguinhas, de péssima fama - que julgo muito pouco tempo durou, bem como a maior parte desse corpo de infantaria, destruída quase toda - poucos dias depois pelos generais Neto e Canabarro. Estes corações (pegando em *um* coração) enchem-me de bençőes; não os quero; estou deles assaz farto. A estes gozos preferiria a companhia, que traz alegria... *(Olhando com atenção para um sinal em uma mesa).* Este sinal é feito por um pingo de espermacete; isto porém não é o que admiro: uma cabeça perfeita, um nariz afilado, com uma cara completa, queixo, barbas, um boné igual ao de um oficial francês ou alemão que há tempos vi, e até com um penacho — é o que realmente para mim não direi mais que admirável, mas algum tanto espantoso... Enfim, paremos com isto: são horas de dormir; vamos deitar-nos. *(Levanta-se, dá alguns passos* e encosta-se *a um sofá, cama, ou cadeira de balanço).*

Cena II

CÁRIO *(levantando-se)* — Estou satisfazendo o desejo, ou cumprindo o projeto que fiz de ir viajar à Europa, e de lá, cheio de ciência, voltar a derramar sobre os meus comprovincianos, compatriotas, e mais habitantes do Império Brasileiro. Está se servindo Deus de mim para punição de uns e prêmio de outros. Não me convém, não devo escrever sobre os mortos, ou fazer nênias. Convém-me mais passear, que estar em casa; passeando, me entretenho; me divirto; e fortifico; em casa me enfraqueço, e sempre apeteço... Fora, não necessito trabalhar, mas apenas conversar: em casa não posso deixar de o fazer sem cessar... Ao homem convém caminhar, falar, pular, dançar, palrar e o exercício de mais de um milhão de verbos acabados em *ar, ar, ar, ar,* etc. etc. etc. etc. Como é difícil, e tantas vezes impossível, a conciliação de interesses opostos! Sente-se uma necessidade; é-se instado por um desejo; procura-se satisfazê-lo; encontra-se uma dificuldade... Alguém geme, alguém chora, que nos dói, que nos estorva. Mas por que lamentar? Se necessário, vençamos; ou sigamos os impulsos de nossa inteligência; os conselhos de nosso coração; ou os conselhos daquela, e os impulsos deste. Façamos algum sacrifício, visto que ninguém (é de conjecturar) há que viva sem os fazer. É preciso fortalecermo-nos; é preciso não fraquecermo-nos. Se eu atendesse, direi neste momento, aos desejos que tive *(depois de haver passeado* e *meditado algum tempo zangado),* teria escangalhado, talvez destruído ou inutilizado um baluarte, cujas forças já me não convém conservar. Se porém lhe presto muito atenção, se me penalizo de seu sofrer, do que se me representa à imaginação, terei de viver qual preso em cadeia. Enquanto pois não tenho emprego, mais que o de compositor, preciso me é buscar por toda a parte, onde houver melhor, ou mais me agradar — aquilo que me falta e de que mais careço. *(Olhando para* o *ar).* O baluarte sibila! Não prestar-te-ei pois mais atenção, enquanto de longe me falar teu coração! Assim triunfou (triunfarei eu também de ti) um de meus amigos — de igual impertinência — só útil n'aparência! *(Pega* o *chapéu* e *sai).*

Cena III

FLORBERTA — Que força tem o destino! Umas vezes cruel e destruidor como o raio ou a tempestade; em outras vezes tão benigno como o amor ou a saudade!

> (*Canta*)
> Às vezes é tão cruel
> O bárbaro, feroz destino, como horrosa tempestade,
> Ou o raio destruidor
> Em outras mais que fiel, tão amigo, tão benino, nos enche de felicidade, de gratidão, e de amor.

Os malvados *(atravessando o cenário depois que pro fere cada um período)* estão sempre condenados. Quem estará por aí se assoando, que tanto me está enjoando! A Ciência, *o* ouro e a água são cousas que quanto mais abundam, menos param ou mais velozes necessitam correr. Quando me sinto menos forte, ou temos destruição, ou é morte. Quando o Estado carece para sustentar-se ou progressar — de uma parte de nossos serviços é justo que lhes prestamos, bem como que este, uma parte de seus benefícios a nós quando d'Ele carecemos. É com esta reciprocidade de atenções, de benefícios, de amparo — que os Estados e os súditos seus — conservam e prosperam. Se eu tivesse disposição de escrever sobre relações naturais, diria que ainda hoje o chá que tomei levou-me à presença de alguém, de quem ouvi a mais tremenda descompostura! Servir-me-á, se pudermos continuar a escrever comédias, para uma bela cena de algum dos Atos; mesmo para começo, parece excelente. Não foi nada menos que o seguinte: Bati por duas vezes em uma porta, ouvi mandar a pessoa a quem buscava abrir a porta; como se demorava o criado, empurrei-a e entrei; a pessoa era muito minha conhecida, e de baixa esfera. Quereis saber o que ouvi dela? Eis: A Sra. é muito atrevida! Teve a audácia de entrar em minha casa sem que eu fosse abrir-lhe a porta! Pensa que esta casa é casa de prostitutos? Está muito enganada! Retire-se; e se está louca, vá para a Caridade! Quereis saber o que lhe respondi? Eu vô-lo digo. Eis: "Não se incomode, Sr. Bem sabe que não é a primeira vez que eu venho à sua casa. Foi-me necessário cá vir hoje; desculpe, portanto: se a minha presença não lhe agrada, eu me retiro. E retirei-me, sem mais cumprimentos. Fui, entretanto, opostamente, recebida por pessoas da mesma casa, que para tal não tinha dever com o maior afeto possível; notando em seus semblantes o maior desprazer pela grosseria estúpida daquele que devia-me prestar atenção. Há de entretanto servir para algum fim útil.

Cena IV

CASTO — *(entrando)* Que mania de mil diabos! Querem por força que eu viva amigado — sem que isso possa ser! Sim! Irra, irra! (Sacudindo os *braços).* O diabo que satisfaça semelhante gente! Hei de mandar à olaria fazer de propósito uma mulher para com ela me ligar sem o preenchimento das formalidades religiosas... e, pobre, - não me serve! Há de ser rica, formosa, e asseada; senão, nem assim combino, me combino... ou... concubino! Tri, tri, tri... *(Faz duas ou três piroletas,* tocando *castanholas, e sai aos pulinhos).*

CÁRIO *(depois que entra)* — Como se transtornam as cousas deste mundo! Quando pensaria eu que indo à casa de um médico fazer uma ligeira visita, havia de transtornar uma comédia!? Quanto é preciso ao homem que se dedica a composições intelectuais, ter regime certo ou invariável! Uma visita transtornou uma comédia; qualquer ação obsta à conclusão do mais importante trabalho. Quão bem foi começada esta comédia, e quão mal acabada vai! Já nem posso chamar a isto mais comédia... Enfim, vereis se posso concertar minhas idéias, e prosseguir então. *(Sai).*

ATO II

(*Quarto de estudantes*)

Cena I

(*Melquíades, Guindaste, Galante e Ruibarbo*)

MELQUÍADES *(deitado)* — Fiu! fiu! *(Assoviando.)* Não está: tão cedo já sairia a passeio!? Quem sabe! Talvez; pode muito bem ser. *(Torna a chamar)* — Maria! Joana! Teresa! Antônia! Joaquina! Michatas! *(Pausa):* Que diabo! Não aparece nenhuma das criadas. Ainda estarão dormindo. Que judias! São *(abrindo o relógio)* nove horas do dia, cinco da tarde, duas da noite, seis da madrugada, e ainda dormem! — É muito, muitíssimo grande, *(figurando* com *as mãos* o *tamanho)* grandíssimo dormir! — Manuel! Antônio! Mercúrio! Ninguém fala; está tudo em silêncio... em silêncio profundo! Profundíssimo! Pois — *Résquiés d'impace* nas catacumbas do cemitério do Corpo-santo na cidade do Porto, Portugal dos portugueses — para vocês todos! Que os levem 30.000 diabos e demônios para os mais fundos infernos lá do outro mundo: pois cá nos deste ainda vocês me poderiam incomodar!

GUINDASTE *(calçando as meias)* — Há três dias que ando incomodado; ora do estômago, ora dos intestinos, ora das barrigas... ah! são duas, é plural — das pernas e da cabeça; e ainda esta noite passei uma noite horrível. Não sei que é isto! Até as águas-da-colônia que sempre me serviram de remédio para estes males, desgraçadamente hoje parece que hão produzido os efeitos contrários!

GALANTE — Que diabo terei eu nestas cabeças *(tirando o barrete com que havia dormido).* Parece que tem espinhos! Ora picam-me as pernas, ora as coxas e até na cintura me importunam, ou me ferem. Safa! *(Tirando a calça).* O que havia de ser? *(Pegando em um carrapicho e mostrando).* Um carrapicho! Malditas lavadeiras, que parece de propósito para o mais lanoso entretimento dos néscios fregueses — porem na roupa estes espinhos! *(Atirando-o).* Lá vai, lavadeira de roupa, vê se o engoles pelo nariz.

RUIBARBO — *(andando)* Como as lavadeiras não te hão de fazer dessas, se tu não lhes pagas a lavagem e o engomado da roupa - como elas desejam!

GALANTE — Essa é boa! Essa é bem boa! Essa ainda é melhor! Ainda ontem paguei seis mil e tantos réis, e dizes que eu não pago!?

RUIBARBO — Mas não é assim que elas querem!

GALANTE — Pois de outro modo, não sei. Não o entendo. Eu sou inglês, e inglês de muito boas raças! Portanto não vivo... vivo de mistérios.

RUIBARBO — Pois és um tolo. Estuda a lavadeira, faz- lhe elogios, mostra-te a ela afeiçoado, e verás como ela te trata, te lava, te goma admiravelmente!

MELQUÍADES *(para Galante)* — Que hei de eu estudar hoje?

GALANTE — Estuda disciplina.

MELQUÍADES — Assim eu sou tolo!

RUIBARBO — Pois ainda pensas em estudos, depois de velho, com a prática dos homens, e mesmo das mulheres!?

MELQUÍADES — Que queres? Nasci mais para estudar que para vadiar!

GALANTE — És um pateta! Com as disciplinas escangalhavas tudo. Triunfavas dos amigos e dos inimigos! Sem elas, não sei como te haverás; quer com uns, quer com outros! Enfim tu lá sabes.

MELQUÍADES — Estou me resolvendo um dia a atirar com os livros ás ventas dos mestres. Com os temas às dos lentes! E finalmente, com as botas às dos criados! *(Pega nestas, atira* nos *companheiros e sai).*

GUINDASTE — É bem atrevido este meu sogro!

GALANTE *(para Guindaste)* — Pois tu és casado!? Ainda agora é que sei! Pois o Melquíades já tinha filhas moças!? Ainda mais esta - estudante casado e com filhos!

GUINDASTE — Se o não sou, ainda hei de ser. Se as não tem, ainda há de ter. E por isso se ainda o não sou, em breve hei de ser, e posso portanto desde já ir tratando-o de sogro.

GALANTE — És o primeiro calculista do Mundo!

RUIBARBO — Vocês querem passar o dia de hoje em conversa!? Não querem estudar, pensar, meditar sobre o que há de extraordinário da Revolução Francesa, livro mais que todos apreciável pela grande exemplar lição que transmite à humanidade!

MELQUÍADES — *(chegando à porta do dormitório* com *boa porção de livras em baixo do braço esquerdo, muito apressado).* Vamos para as aulas! São horas! Se se demoram, perdem a lição de hoje! Andem! Andem! Saiam! Venham!

(Guindaste e Galante pegam em vários livros, dão duas voltas e saem)

GUINDASTE *(arrumando a cama)* — Vão indo que eu já vou! Não te demores, que eu preciso de ti!

RUIBARBO — Sim; sim. Vão indo; eu lá irei logo! *(Saem).* Estes meus colegas são o diabo em figura de homens, ou de rapazes! Tudo desarrumam! É preciso uma... não: paciência de Jó, ou de algum outro Santo para aturá-los! Enfim, *(depois de todo o quarto arrumado)* é preciso aturá-los! É melhor que andar com eles aos tombos, puxões ou cabeçadas. *(Pega em um livro).* São horas, vou às minhas lições de Retórica! E logo continuarei a escrever a minha encantadora comédia — a Ilustríssima Senhora Dona Anália de Campos Leão Carolina dos Santos Beltrão Josefina Maria Leitão História das Dores Patão, ou Bulhão, etc. etc. Dizem os médicos, e confirmam os lógicos: As cousas que têm de trabalhar, apertadas, não poderão fazer tão bom serviço como - desembaraçadas; e eu o creio pia e firmemente. Exemplifiquemos com os próprios homens e seus órgãos. Suponha-se que estão a trabalhar em uma sala vinte pessoas, e que na mesma não o podem fazer livre ou desembaraçadamente mais que dez ou doze. Pergunto: seu serviço, obra, ou trabalho, sairá tão perfeito, como se trabalhassem aqueles que — bem — só o podiam fazer? É de crer que não. Outro: Temos órgãos — da vista, do ouvido, do olfato, que por certo, oprimidos, ninguém dirá que — bem funcionam. Assim pois devem ser os do nosso estômago, intestinos, etc. Apertados, não poderão funcionar, transformar ou digerir os alimentos ou cousas de que nos alimentamos, com aquela facilidade com que o fazem ou devem fazer não opressos ou desembaraçados. Se aperto os meus dedos, não posso escrever, nem com a mão cousa alguma fazer! Se porém esta está desembaraçada, com ela faço o que quero, ou o que posso. Logo — não convém a opressão; se se quer trabalho abundante e perfeito!

Cena II

MELQUÍADES *(entrando, atrás Guindaste, e após este, Galante. O primeiro com muito desembaraço, e atirando com os livros* com *estouvamento, quer de gesto, quer de palavras).* — Ó Ruibarbo, não foste hoje à lição!? És o diabo em figura de estudante! Pois sabe que eu fui, vim e estou aqui! Pus por terra todos os troianos! Foi o lado que hoje perdeu nas sabatinas o mais vergonhosamente que é possível. Nem a batalha que inutilizou Napoleão I; nem as melhores vencidas por Alexandre o Grande; nem finalmente a em que César destruiu Pompeu - se podem comparar à que hoje venci dos nossos amigos Paraguaios!

RUIBARBO — Pois eu declaro-vos que não fui à aula! E se quiserem saber o porquê, dir-vos-ei: Primeiro, porque não quis. Segundo, porque estou ocupado com algumas lições de Medicina. Terceiro, porque vocês são pouco cuidadosos de nosso quarto, e eu não posso tolerar porcaria, desarrumação, etc. Quarto, porque...

MELQUÍADES *(com muita desenvoltura, assentando-se em outro lugar, ou mudando de assunto)* — Já sei, já sei. Tu és um estudante privilegiado. Tens até um breve do Papa. Quando te apertam fora da Igreja, entras para a Igreja, e quando te aborreces muito desta, safas-te com a maior sem-cerimônia! *(Batendo-lhe no ombro).* És muito feliz, felicíssimo mesmo. *(Os outros: cada qual acomoda seus livros e senta-se).*

MELQUÍADES *(pegando em um papel, em que Ruibarbo havia escrito)* — Oh! este Ruibarbo, quanto mais estuda, menos aprende! Pois ele ainda suprime letras quando escreve!

RUIBARBO — Doutor! Você não vê que quando assim procedo faço um grande bem ao Estado!?

MELQUÍADES — Geral bem!?

GALANTE — São cousas do Ruibarbo! Tudo quanto ele faz diferente de outros homens, sempre protesta ser por fazer bem, ou por conveniência do Estado. Não é mau modo de se fazer o que se quer! É uma capa maior que a de Satanás! É uma espécie de Céu que ele tem, com que costuma abrir a terra!

RUIBARBO — Eu me explico: Quando escrevo, penso, e procuro conhecer o que é necessário, e o que não é; e assim como, quando me é necessário gastar cinco, por exemplo, não gasto seis, nem duas vezes cinco; assim também quando preciso escrever palavras em que usam letras dobradas, mas em que uma delas é inútil, suprimo uma e digo: diminua-se com esta letra um inimigo do Império do Brasil! Além disso, pergunto: que mulher veste dois vestidos, um por cima do outro!? Que homem, duas calças!? Quem põe dois chapéus para cobrir uma só cabeça!? Quem usará ou que militar trará à cinta duas espadas! Eis por que também muitas vezes eu deixo de escrever certas inutilidades! Bem sei que a razão é - assim se escreve no Grego; no Latim, e em outras línguas de que tais palavras se derivam; mas vocês que querem, se eu penso ser assim mais fácil e cômodo a todos!? Finalmente, fixemos a nossa Língua; e não nos importemos com as origens!

MELQUÍADES — Enquanto passares bem assim, continua; mas logo que te deres mal, é melhor seguir a opinião geral. *(Ouve-se tocar a sineta, que convida a jantar; aos saltos; pondo as mãos na cabeça; e outras extravagâncias).* São horas! São horas! *(Puxa Ruibarbo).* Vamos! *(Este se deixa estar* assentado. Puxa outro; convida; salta; *pula; pega em um rebenque).* Ah! vocês até para comer têm preguiça!? *(Dá uma pancada com o chicote sobre urna mesa, os outros saltam ligeiramente à porta; e saem todos).*

RUIBARBO *(atrás)* — O Melquíades hoje está limpo, lavado, engomado, escovado e penteado!

GALANTE — Ele triunfou dos Paraguaios! É preciso obedecê-lo!

GUINDASTE — Eu o faço para tal fim, com muito prazer!

ATO III
Cena I

UMA MULHER *(muito atenta, ouvindo alguns* gemidos) — Quem gemera? Quem estará doente? Será minha avó, ou meu avô!? Sabe-o Deus; eu apenas desconfio, e nada posso afirmar! Entretanto, convém indagar. *(Aproxima-se* de *uma porta, escuta* e *volta).* Ah! quem há de ser? *(Arrastando).* É a cabritinha de minha avó, tia, e irmã, que acaba de parir três cabritos. Ei-los *(Atira-os ao* cenário).

MELQUÍADES *(entrando)* — Oh! que espetáculo é este! Cabritos em meu quarto de dormir! Oh! mulher, donde veio isto!?

A MULHER — Ora, de onde havia de vir! Boa pergunta! O Sr. não sabe que seus avós têm o luxo de criar cabras!? E que criando-as por força hão de parir!?

MELQUÍADES — Que têm parido, e hão de parir, sei eu muito bem! Mas o que me espanta é que a parição, parto, ou como quiserem chamar, tivesse lugar em meu quarto de dormir! É isto o que assaz me admira!

A MULHER — Não foi aqui; mas eu ouvi gemer, e cuidei que era sua avó ou seu avô; fui ver; encontrei-os; trouxe-os; e aqui estão!

MELQUÍADES — Pois bem; agora vá preparar um para a ceia.

A MULHER *(cheia de nojo)* eu, fazer? Deus me livre! Isto tem um cheiro... Seria preciso, para se poder comer, pôr de molho três dias em alho, cebola, vinagre e coentro.

MELQUÍADES — Pois então, *(muito zangado)* tire-me daqui estas porcarias, que já me estão causando nojo! Anda! Anda! Tira isto daqui!

UMA CRIADA *(puxando a cabra pelos chifres)* — Vem, vem, vem cá, cabritinha, cabritinha!

MELQUÍADES — Isto está demorando muito! *(Dá um pontapé na cabra, que a atira; os cabritos esforçam-se por correr,* ele *pega em um, e esfrega na cara da criada).* Que tal, Sra. D. Nojenta! Cheira ou fede?

CRIADA — Nunca gostei destas graças! *(Larga a cabra* e *sai).*

Cena II

(Entram Ruibarbo Galante e *Guindaste)*

RUIBARBO — Isto é admirável! Gatos ensopados pelo soalho derramados!

GALANTE — Ensopados! *(Reparando com muita atenção).* Só se o foram na barriga da mãe! Oh! e não me enganei; ei-la *(Apontando para a cabra).*

GUINDASTE — Vocês são os mais extravagantes estudantes que eu tenho conhecido. Se fôssemos de Medicina, que bom estava para desenojar, mas somos de Direito, não nos pode aproveitar! O que é mais interessante é a lembrança de que estavam ensopados, achando-se em pé, e em estado de perfeição.

RUIBARBO — Não admira! Bem perfeitos são os animais, e as aves cheias, entretanto não estão vivas.

GUINDASTE — Mas não se diz que crê que foram ensopadas.

RUIBARBO — Sim, Sr... Mas quem não poderia dizer que estivessem assados?

GALANTE — Ainda vocês ignoram uma cousa: Sabem o que é? É que o nosso amigo Melquíades deu esta lição à criada, que tão pacificamente e bem sempre nos serve — esfregou--lhe com um destes cabritos: cara, boca, nariz, olhos, e não sei que mais — saiu daqui tão enjoada, que não corria; qual águia; voava; ou ia qual avestruz avoada!

MELQUÍADES — Sabem o que mais? Eu não quero estar vendo aqui estas imundícies! *(Chamando).* Rigoleto! Rigoleto!

UMA VOZ — Não está! Peguem vocês cada uma no seu, e os ponham longe daqui!

GUINDASTE *(para os outros)* — É mesmo, isto é muito enjoativo! Nem eu posso abrir um livro com eles diante de mim. Pega no teu, Galante! Ruibarbo, leva o outro! *(Pega cada um no seu e os põe fora de cena).*

RUIBARBO *(para os outros)* — Não há remédio, senão aturá-los.

MELQUÍADES — E eu que o diga! Mas, que faremos nós aqui metidos? Não era melhor que fôssemos passear, ver as moças, e também algumas velhas? Hem? Hem? Falem, que estou desesperado! Come-me hoje este corpo; sinto nele tal coisa... certo prurido... e não sei que mais - que não posso estar parado um momento!

RUIBARBO — Cruzes! contigo, Melquíades.

MELQUÍADES — Comigo — não quero cruzes! Mas, se for algum cruzeiro, ainda poderei aceitar. Quanto a cruzes, bastam estas *(apontando para* os *livros)* que aqui vedes.

GALANTE — Pois eu quero tudo: cruzes, cruzeiros, cruzados, cruzinhas, cruzadas, e tudo o mais que me oferecem, e que eu posso gozar sem perder!

GUINDASTE — Sem perder, não, Galante. Sem padecer ou sofrer, sim! Por força que gozando.

GALANTE — Não sabes o que dizes: há homens que quanto mais gozam, mais ganham! Portanto, avancei uma proposição as mais das vezes verdadeira, inda que algumas vezes falível.

MELQUÍADES — Sabem o que convém — e me entretém? Passear, conversar, ver as moças. *(Pegando o chapéu).* Os que me quiserem acompanhar, sigam-me! Vamos, vamos todos! *(Puxa um, puxa outro; nenhum quer sair;* ele pega *na bengala e sai).*

GUINDASTE *(para Galante)* — Este Melquíades mudou completamente! Passou de estudante ao mais extravagante do seu século. Cruzes! Abrenúncio! Está atrevido como o diabo!

RUIBARBO — Isto é porque ele fez anos hoje! Amanhã...

GUINDASTE — Então diga-me isso! Eu logo vi.

MELQUÍADES *(entrando, passados alguns minutos)* — Já sabem, rapazes — que passeei, andei, virei, mexi, e revolvi. E que nada resolvi sobre o que buscava e o que vi! Pois é verdade, e tão certo como o Carneiro de Cão estar com os olhos abertos. *(Aponta para Galante).* E apenas duas cousas aprendi, ou dois pensamentos colhi! Primeiro, que há dois modos de viver em sociedade; um de que só se freqüenta mulheres de certa classe, a casas de jogo, etc.; outro em que olha-se com grande indiferença para tudo isto, e até muitas vezes com repugnância e só se freqüenta casas de família, ou gente de classe mais alta, ou mais distinta! Há também esta diferença, e é que os que querem ser verdadeiros constitucionais, e não têm família, isto é — não são casados, ou sendo não vivem com suas mulheres, são forçados a freqüentar aquelas; e os que nenhum caso fazem da Constituição, e os que mais e melhor gozam! Já vêem portanto que não perdi o tempo.

GUINDASTE *(para Galante e Ruibarbo)* — Sempre o nosso Pai dá provas de que ainda é estudante! Sempre nos traz alguma cousa... descobertas de cousas que ignorávamos colhidas de suas experiências filosóficas! E com isso faz também de Lente, pois leciona-nos.

MELQUÍADES — A outra verdade, ou o outro fato, é que muitas vezes isto provém de comermos dos hotéis, ou de mandarmos fazer as comidas em nossas próprias casas! Aquelas nos conduzem às primeiras; ordinariamente estas as mais das vezes às segundas! Contudo, há nesta regra numerosas exceções, e é também conforme são os hotéis. Notai bem que muitas vezes se observa uma verdadeira confusão. O que porém é indubitável, é que as comidas e as bebidas nos conduzem a este ou àquele trabalho, a esta ou àquela casa, a este ou àquele indivíduo, a este ou àquele negócio! Podem até conduzir-nos a um crime! Como o podem fazer, e muitas vezes o fazem, a um ato de virtude, a uma ação heróica, a uma ação vil ou indigna. *(Continuando).* Sinto às vezes certo estreitamento no canal que conduz ao estômago. Tenho querido atribuir à falta de certo ato... Mas ao mesmo tempo lembra-me que as crianças, os velhos, as velhas, os doentes, os que viajam pelas campanhas, os que estão em guerra — não praticam tais atos, entretanto sei de muitos que padecem igual incômodo. Consequentemente devemos crer que a razão principal não é essa. Talvez provenha das qualidades dos próprios líquidos e das carnes de que nos alimentamos, e até das casas em que moramos, e mesmo das pessoas que nos servem, ou a quem mais praticamos. Meninos! quero contar-vos mais uma verdade médica por mim descoberta hoje; e é — que é sempre um mal que incomoda, sair por cima o que deve sair por baixo! Se soubésseis quanto me... que desagradável efeito me produz algumas vezes o cuspir! Se ao menos eqüivaler ao que escrevo, ou ser substituído pelos pensamentos! Mas quê! Tenho experimentado, e sempre acho desagrado. — Outra descoberta: Certa pessoa até certo tempo — não podia passar, quando comia ou bebia alguma cousa, sem procurar uma pessoa, que se parecesse com o objeto ou cousa, de que se servia; entretanto em um dia - o que havia de pensar, de que se havia de convencer: que devia proceder de modo diametralmente oposto, isto é, que quando tomasse chá, por exemplo, não devia para isso como antes procurar pessoas que tivessem essa cor: e assim a outros preceitos! Acho porém bonito que pratiquemos, ou procedamos — se isso nos não causar algum desgosto - conforme esta nos aconselham; ainda que só espiritualmente, o que se faz de milhares de modos. Meninos! vou descansar! *(Deita-se; e enrola-se no cobertor. Para os companheiros de quarto).* Se alguém me procurar, dizei-lhe que durmo!

RUIBARBO — Galante, que te parece o nosso Pai Melquíades!? É um homem divino! É o maior sábio do Universo! Valente como os mais valentes, ativo como o sol, amável como a mais amável Princesa, interessante como o firmamento, bom como o melhor dos Pais.

GALANTE — Tu não te enganas, mas esqueceste acrescentar - extravagante e desenvolto, às vezes, como uma provocadora cobrinha!

GUINDASTE — E para prova de tudo isto, vejam o que ele fez hoje: saltou; pulou; dançou; fez o diabo, como estudante! Depois aconselhou, ensinou, pregou, fez-se santo, como Filósofo!

(*Ultimamente, relampagou, iluminou como rei! E agora, como acabam de ver, atirou-se naquela cama, como um cansado estudante; ou qualquer outro ente de vida pouco séria, e bruscamente no cobertor se enrolou*)

MELQUÍADES *(levantando-se rapidamente* e *atirando o cobertor à cara dos companheiros e discípulos)* — Nem todos os momentos podem ser agradáveis: deitei-me; procurou alguém por ventura por mim? Estava em um tão agradável sonho... quando de repente senti um movimento em meu cérebro que assaz me contristou. Levantem-se, rapazes! Vocês são a Quinta-essência dos preguiçosos!

TODOS *(levantando-se)* — Que é isto, Melquíades!? Estás desassisado?

MELQUÍADES — Ó diabo, pois vocês que faziam assentados!? (*Gritando*). Vamos! São horas de escola! Caminhem, saiam! Saiam! (*Os outros levantam-se, e ele os faz sair rapidamente* *caindo livros de uns; outros de chinelos; enfim, é uma desordem completa entre os quatro; como se um incêndio, ou alguma cobra venenosa se visse no quarto*).

(*E assim parece dever terminar este Ato - com as seguintes palavras de Melquíades*). Se eu não espanto estes madraços — nem para o chá ganhariam hoje!

FIM DA COMÉDIA

Por: José Joaquim de Campos Leão — Qorpo-Santo
Porto Alegre, Junho 16 de 1866

PARTURITION

A comedy in three acts

Characters

Cario
Florberta
Melquíades
Guindaste
Galante
Ruibarbo
A Woman
A maid
A voice

ACT I
Scene I

CÁRIO (*sitting at a table, tasting some light food*) — The wise man gives him a kiss, the fool his breath almost did miss! Why does this happen!? I know: the former lived in God, by God and for God; the latter in Satan, with Satan, by Satan and for Satan! I'll explain: one abides by the law demanded from the former and that our Lord Jesus Christ enacted to keep us warmer; the other is a cruel persecutor of his sectarians... or of those who observe it, respect it and venerate it. That is why, I repeat — when God speaks, the wise man laughs and remains silent; the fool fears and trembles. Or the former is filled with pleasure; the latter with fear beyond measure! However, moving on from religion to what I'm eating now, I don't know what delicacies they mean to me. Facts are given about it; some of them delight me, others surprise me; some disgust, many annoy me, many or several of them sicken me, thousands of them outrage me; countless of them are inexplicable or beyond any possible and precise qualification... How many things I've been told today, sometimes through sleep, sometimes through their shape, sometimes through their taste, sometimes through their species, sometimes through their coloring and also through their favoring! I see that (*picking up a bit of star-shaped dough*) no one should eat stars, but stars of meat or fire are different stuff! However, as these are made of dough, I reckon they won't hurt me (*he eats one. Taking another, he takes a bite, and eats only half of it; looking at it*): It looks like a crown! I won't eat it. I will keep it (*he puts it on the plate*). Judging by the taste (*tasting another*), smell and flavor, one would say it is poisoned. Let us put it aside. I find this drink (*drinking a glass of wine*), rather weak, or soft. I don't like either. I will not drink any more of these spirits: Let us find something stronger, and therefore, better for me. What? (*Picking up another bit of dough*) It looks like a censer! I shan't eat it. This one is like a flat boat (*taking another*) I won't it either! Let me try this slice. (*He cuts two or three small pieces and eats them*). How about this? Again it is no bliss. (*Getting up a little*). Here is cap of a soldier, who, offended or mistreated in his pride or dignity, in Vila Nova do Velho Triunfo, by his captain, at the beginning of the unfortunate, nefarious, harmful and more than unworthy revolution of 1835**,** had the remarkable courage to save his honor and dignity and to set to his comrades an example to be followed pressed the trigger of his rifle with his toe, put its muzzle against his chest right before his heart and fired a thunderous shot, which sent him immediately to the kingdom of his Maker. A happy soldier, he was... from a battalion whose title or number I don't remember**;** I suppose he was from Pará State, where there was a captain called Chaguinhas — a man of very bad reputation — who I believe lived for a very short time, as well as most of that infantry corps, which were almost entirely destroyed a few days later by generals Neto and Canabarro. These hearts (*taking one heart*) **f**ill me with blessings; I don't want them; I'm pretty fed up with them. These enjoyments I would replace with company, which brings me felicity... (*looking carefully at a sign on a table*). This sign has been made by a drop of spermaceti; this, however, is not what I admire: a perfect head, a sharp nose, with a full face, chin, beard, a cap — even with a plume — like that of a French or a German officer I saw a long time ago; that is what I really would not consider admirable, but somewhat amazing... Anyway, let's stop this. It's time to get some sleep; let's go to bed. (*He gets up, takes a few steps and leans against a sofa, bed, or rocking chair*).

Scene II

CÁRIO (getting up) — I am satisfying my desire, or fulfilling the project I had of going to Europe, and then, coming back with my head full of knowledge, and pouring it on my fellow countrymen, compatriots, and other inhabitants of the Brazilian Empire. God is using me as a kind of punishment for some and a sort of reward for others. I don't think it is convenient to write about the dead, or sing a dirge for them. I would much rather go for a walk than being at home; by walking, I am entertained; I have fun and fortify myself. At home I feel numbly and hungry. Outside, I don't need to work; I can just walk and talk; at home I can't help but working without stopping... A man should walk, talk, jump, dance, chatter and exercise more than a million verbs ending in -ed, -ed, -t, -t, etc. etc. etc. etc. How difficult it is, and often impossible, to reconcile opposing interests! One feels the need, one is urged by a desire; one tries to get satisfaction; one encounters a difficulty... Someone groans, someone cries, ant this hurts and hinders us. But why bemoan? If necessary, let us overcome it; or let us follow the impulses of our mind; our heart's advice; or the advice of the former and the impulses of the latter. Let us make some sacrifice, since no one (it is to be surmised) can live without doing it. To strengthen not weaken must we. Had I heeded, I will say at this moment, the desires I had (*after walking and meditating for some time in anger*), I would have ruined, perhaps destroyed or rendered useless a bulwark whose strength is no longer convenient for me to keep. If, however, I pay too much attention to it, if I feel sorry for its suffering, for what my imagination shows me, I will have to live like a prisoner in a cell. Thus, while I don't have a job, other than being a composer, I need to look everywhere, wherever is more appropriate — or more pleasant — that which I lack and do need most. (*Looking into a void*). The rampart is hissing! I will not pay to you any more attention, as long as your heart from afar gives me some tension! This is how one of my friends — of equal impertinence and useful only in appearance, triumphed (so will I triumph over you*)*.

(*He takes his hat and leaves*)

Scene III

FLORBERTA — How powerful fate is! Sometimes cruel and destructive like a lightning or a storm; at other times as benign as love or longing!

> (*Singing*)
> Sometimes so cruel is
> The barbaric, fierce fate,
> Like a horrible storm,
> Or the destructive lightning
>
> Other times it is extremely faithful,
> So friendly, so kind,
> Filling us with happiness,
> Gratitude, and with a love feeling.

The wicked ones (*crossing the stage after each one utters a sentence*) are always doomed. Who might be out there blowing their nose, making me sick and spoiling my repose! The more abundant are science, gold and water, the less they stop or the faster they need to run. When I feel less strong, it means destruction or death. When, to sustain itself or to make progress, the State needs part of our services, it is only fair that we provide them with it; likewise, part of its benefits should be provided to us when we are in need. It is with this reciprocity of attention, benefits, and support that States and their subjects retain power and prosper. If I had the inclination to write about natural relations, I would say that even today the tea I drank took me to the presence of someone, from whom I heard a tremendous discomposure! If we can continue writing comedies, it will be of great use for a wonderful scene in one of the Acts. Even to start one of them with; it seems to be an excellent hint. Nothing less than the following happened to me: I knocked twice on a door and heard the person I was looking for asking the servant to open the door; as the servant was taking too long, I pushed the door and went in; the person was well known to me, and one of low status. Would you like to know what I heard from her? Lo and behold: "You are very cheeky! You had the audacity to enter my house without me opening the door for you! Do you happen to think that this is a whorehouse? You are absolutely mistaken! Leave immediately; and if you're crazy, go to the loony bin!" Would you like to know what my answer was? I tell you. Here it is: "Don't you worry. You know very well this isn't the first time I've come to your house. It was necessary for me to come here today; I'm sorry; if my presence doesn't please you, I'll leave." And I did leave without further greetings. I was, however, welcomed by people from the same house, who had no duty to do so, with the greatest possible warmth; and I noticed on their faces a real displeasure at the stupid rudeness of that one who should devote attention to me. This will surely serve some useful purpose.

Scene IV

CASTO (*entering*) — What a damned obsession! They forcefully want me to shack up with someone... this is impossible! Yes! It is! Bloody hell! (*Shaking his arms*). Let the devil satisfy such people! I will have a clay woman made in the brick yard so that I can connect with her having without having to fulfill the religious formalities required ... and, poor thing! She is no use to me! She must be rich, beautiful, and clean; otherwise, I won't combine, recombine or be a male concubine! Hah, hah, hah... (he d*oes two or three pirouettes, playing castanets, and leaves with short leaps).*

CÁRIO (*after coming in*) — How disarranged things in this world may become! When would I have thought that going to a doctor's house for a short visit would disrupt a comedy!? How necessary it is for a man who dedicates himself to intellectual compositions to have a certain or invariable regime! A visit has disrupted a comedy; any action hinders the completion of the most relevant work. How well it began and how badly it ends! I can't even call this a comedy anymore... Anyway, you'll see if I can get my ideas straight, and then proceed. (*He leaves.*)

ACT II

(*Students' room*)

Scene I

(*Melquiades, Guindaste, Galante and Ruibarbo*)

MELQUÍADES (*lying down*, after some w*histling*) — She is not in. Could she have gone for a walk so soon? Who knows? Maybe; may be. (*he calls again*): Maria! Joana! Teresa! Antonia! Joaquina! Michatas! (*Pause).* What the heck! None of the maids appear. They must still be sleeping. Lazybones! Whether it is (*looking at his watch*) nine o'clock in the morning, five in the afternoon, two in the evening, six in the morning, they're still sleeping! – Sleeping is great, really great, (*figures out the size with his hands*) ridiculously great! – Manuel! Antonio! Mercurio! Nobody answers; everything is silent... profound silence! Very profound! Yes — *Résquiés d'impace* (*is this the way they pronounce it?*) in the catacombs of Qorpo-Santo's cemetery in the city of Porto, Portugal of the Portuguese — for you all! May 30,000 devils and demons take them to the depths of hell — down there in the other world, because in this one you all could still bother me!

GUINDASTE (*putting on his socks*) — For three days I've been feeling rather unwell; now it's my stomach, now it's my bowels, now my belly... oh! there are two more, in the plural: my legs and my head; and last night I had a horrible night. I don't know what it was! Even my cologne waters that have always served me as a remedy for these ailments, unfortunately today seem to have produced the opposite effects!

GALANTE — What the hell do I have in this head of mine? (*Taking off the cap he had slept with*). It looks like it has thorns! Sometimes I get a sting on my legs, sometimes on my thighs, and even on the waist I'm bothered or hurt! Get out! (*Taking off his pants*). What can it be? (*Taking up a bur and showing it*). A bur! Damned washerwomen, who seem to do it on purpose for the most woolly entertainment of their foolish customers; putting these thorns on their clothes! (*Driving it out*). There it goes, laundry lady; see if you can swallow it through your nose.

RUIBARBO (*walking*) — How can the washerwomen not do that to you if you don't pay them for washing and ironing your clothes — as they wish!

GALANTE — That's a good one! A very good one! It is even richer! Just yesterday I paid six thousand or so réis, and you still say I don't pay them!?

RUIBARBO — But that's not the way they want it!

GALANTE — I don't know any other way. I do not understand you. I am an Englishman, and an Englishman of a very good lineage! Therefore, I don't live on what you do... I live on mysteries.

RUIBARBO — Well, you're a fool. Study the washerwoman, pay her a compliment, show affection for her, and you will see how admirably she will treat you, wash your clothes, iron them!

MELQUÍADES (*to Galante*) — What shall I study today?

GALANTE — Study discipline!

MELQUÍADES — But then I will be a fool!

RUIBARBO — And are you still thinking about studying, even at this old age, after all the experience of men and even of women?

MELQUÍADES — What can I do? I was born to study rather than loiter!

GALANTE — You're a fool! With the disciplines you would ruin everything. You would triumph over friends and enemies! Without them, I don't know how you would get along; whether with some or others! Anyway, you should know better.

MELQUÍADES — I am trying to decide some day to throw the books at the masters's faces, the themes at the instructors! And the boots at the servants! (He *takes the latter and throws them at his companions and leaves*).

GUINDASTE — How impudent my father-in-law is!

GALANTE (*to Guindaste*) — So you are married!? I didn't know it but only now! So Melquíades already had young daughters!? And what's more — a married student with children!

GUINDASTE — If I'm not, I will be. If you don't have them, you will. And so if I'm not yet, I soon will be, and I can therefore start calling you my father-in-law.

GALANTE — You are the first schemer in the World!

RUIBARBO — Do you plan to spend the whole day chatting!? Don't you want to study, think, meditate on what was extraordinary about the French Revolution, by reading a book that is most valuable for the most valuable and exemplary lesson it imparts the world!

MELQUÍADES (*Arriving hurriedly at the door of the room with a good number of books under his left arm)* — Let's go to class! It's about time! If you delay, you'll miss today's lesson! Come on! Come on! Move on! Come!

(*Guindaste and Galante pick up several books, turn around twice and leave*)

GUINDASTE (*straightening the bed*) — You can go; I'll join you soon!

GUINDASTE — Don't linger about; I need you!

RUIBARBO — I won't. I won't. You can go; I'll be there soon! (*They leave*). These chums of mine are the devil disguised as men — or as boys! They mess up everything. It takes the patience of Job, or some other saint to put up with them! Anyway, (*after the room is tidy*) you have to put up with them! It's better than stumbling, pulling or blundering (*he picks up a book*). It's time, I went to my Rhetoric lessons! And soon I will continue writing my charming comedy — the Illustrious Lady Dona Anália de Campos Leão Carolina dos Santos Beltrão Josefina Maria Leitão História das Dores Patão, or Bulhão, etc. etc. Doctors say, and logicians confirm it: things that mean hard work in a very strict way won't work as well and as untangled things in any day, and I piously and firmly believe this. Let us use men themselves and their agencies. Suppose there are twenty people working in a room, and that no more than ten or twelve can do so freely with no hindrance. My question is: will the job, work or task be as perfect as if it were to be done only by those who... well... could really do it. The answer is no. Another point: we have sense organs — sight, hearing, smell, which if oppressed certainly will work well. The same thing happens to our stomach, intestines, etc. When they are constricted, they are constricted they won't function, transform or digest the food or things we feed on, with the same ease with which they do or should do so when they are not oppressed or are under no constriction. If I compress my fingers, I can't write, nor can I do anything with my hand! If, however, it is untangled, I do with it whatever I want, or whatever I can. Therefore, oppression is not appropriate if you want abundant and perfect work!

Scene I

MELQUÍADES (*entering, behind Guindaste, and after him, Galante. The former with great ease, and throwing the books recklessly both in gesture and in words*) — Oh Ruibarbo, didn't you go to class today!? You're the devil in the shape of a student! For your information I was there, I came back and I'm here! I destroyed all the Trojans! They were shamefully defeated in the assessments today. Neither the battle that rendered Napoleon useless, not even the most important ones won by Alexander the Great; and to close it, not even that one when Caesar annihilated Pompey — not one of them can compare with the battle I won today over our Paraguayan friends!

RUIBARBO — Well, I declare before you all that I didn't go to class! And if you want to know why, I'll tell you: -firstly, because I didn't want to; secondly, because I'm busy with some lessons of Medicine; thirdly, because you don't care very much about our room, and I can't stand rubbish, uncleanness, mess etc. Fourthly, because...

MELQUÍADES (*with self-confidence, sitting somewhere else, or changing the subject*) — Yes, I know, I do know. You are a privileged student. You have even a scapular from the Pope. When you get into trouble out of the church, you join the Church, and when you get really tired of it, you get away most unceremoniously! (*Tapping on his shoulder)* You are a happy man; a very happy one indeed. (*The others place their books on the table and sit down*).

MELQUÍADES (*picking up a piece of paper, on which Rhubarb had written something*) — Oh! This Rhubarb, the more he studies, the less he learns! He still leaves out letters when he writes!

RUIBARBO — Doctor! Can't you see that when I do this I am doing a lot of good to the State?!

MELQUÍADES — In general?

GALANTE — It is just like Ruibarbo! Everything he does differently from others, he always claims to be doing it for the good or convenience of the State. Not a bad way to do what you want! His cloak is bigger than that of Satan. It's a kind of Heaven he has, with which he usually opens the earth!

RUIBARBO — I'll explain myself: when I write, I think, and I try to know what is necessary and what is not; for example, when it is necessary for me to spend five, I do not spend six, nor twice five; likewise, when I need to write words in which double letters are used, but in which one of them is useless, I delete one and say: one less enemy of the Brazilian Empire! Furthermore, I ask: which woman wears two dresses, one on top of the other!? Which man wears two pants!? Who puts on two hats to cover only one head? Who or which soldier carries two swords in their belt! This is why I also often fail to write certain useless things! I know very well that the reason is that this is the way they are written in Greek, in Latin and in other languages fromwhich such words are derived;

but what can I do if I think this method is easier and more convenient for everyone!? In short, let us focus on our own language and not care about its origins!

MELQUÍADES — As long as you're doing well under such reasoning, keep it going; but as soon as you get into trouble, you'd better follow the general opinion. (*The bell rings, announcing dinner; he jumps; puts his hands on his head; and makes some further extravagance*). It's time! It's time! (*he pulls Ruibarbo)* Come on! (*Ruibarbo continues seated; he pulls another; invites him; jumps; jumps again, grabs a toy*). Ah! Are you all lazy even to have a meal? (*He hits the table with a whip; the others jump slightly towards the door; they leave*).

RUIBARBO — (*from behind*) Today Melquíades is clean, washed, ironed, brushed and combed!

GALANTE — He triumphed over the Paraguayans! We must obey him!

GUINDASTE — I'll do it with great pleasure!

ACT III
Scene I

A WOMAN (*very attentive, hearing some moaning*) — Who is moaning? Who is sick? Is it my grandmother, or my grandfather!? God only knows; I just suspect it, but I can't be sure! However, it is worth inquiring (s*he approaches a door, listens, and comes back*). Ah! Who should it be? (*gragging*). It's my grandmother's, aunt's, and sister's nanny goat, who has just given birth to three kids. Here they are (he t*hrows them onto the stage*).

MELQUÍADES (*coming in*) — Oh! What a spectacle! Goats in my bedroom! Oh! Woman, where did this come from!?

A WOMAN — Why, where would they come from? Good question! Don't you know that your grandparents indulge themselves in raising goats!? And by raising them, they will certainly yean!?

MELQUÍADES — That they yean, and that they will yean I know very well! But what surprises me is that such yeaning, or however you may call it, took place in my bedroom! This is what really amazes me!

A WOMAN — It wasn't here; I heard some groans, and I thought it was your grandmother or grandfather; I decided to check it and found them; brought them here; and here they are!

MELQUÍADES — Very well, now you go and cook one of them for supper.

A WOMAN (*full of disgust)* — Me, cooking? God forbid! It has such a horrible smell! For us to eat it, we would need to soak it for three days in garlic, onion, vinegar and coriander.

MELQUÍADES — Well... then, (*very angry*) take this rubbish away; it is already making me sick! Come on! Come on! Get this out of here!

A MAID (*pulling the nanny goat by the horns*) — Come, come, come with me, nanny goat!

MELQUÍADES — This is taking too long! (*He kicks the goat and throws it away; the kids try to escape; he grabs one and rubs it in the maid's face*). How about that, madame. Disgusting? Does it smell or does it stink?

A MAID — I never enjoyed wisecracks like these! (She l*ets go of the goat and leaves*).

Scene II

(*Enter Ruibarbo, Galante and Guindaste*)

RUIBARBO — This is amazing! Soaking cats on the spilled mats!

GALANTE — Soaking wet! (N*oticing very carefully*). Unless it happened while they were in their mother's womb! Oh! And I was not mistaken; here she is (p*ointing to the nanny goat*).

GUINDASTE — You are the most extravagant students I have ever met. If we were medical doctors, it would be a good thing to learn not to be disgusted at this, but we are in the field of Law, and, therefore, can be of no benefit! What is most interesting is the fact that they were soaking wet, standing up, and in perfect conditions.

RUIBARBO — No wonder! The animals and birds are really perfect and the birds are stuffed, but they are not alive.

GUINDASTE — But they are not said to have been stewed.

RUIBARBO — Yes, Sir... But who would argue that they weren't roasted?

GALANTE — You are missing one thing: do you know what it is? It is that our friend Melquíades taught this lesson to the maid, who always serves so well and peacefully; he rubbed one of those kids on her face, her mouth, nose, eyes, and I don't know where else; she was so sick when she left that she wasn't running, but flying like an eagle, like a — she flew like an eagle; or would go like a dimwit ostrich!

MELQUÍADES — And one more thing... I don't want to see this filth in here! (*Calling*). Rigoleto! Rigoleto!

A VOICE *(backstage)* — He is not here! Each of you take one and put them away!

GUINDASTE (*to others*) — That's right. This is really sickening! I can't even open a book having them in front of me. Take yours, Galante! Ruibarbo, take the other one! (*Each one takes their own and puts them out of stage*).

RUIBARBO (*to others*) — There is no remedy but to put up with them.

MELQUÍADES — Tell me about it! But since we are stuck in here what are we going to? Wouldn't it be better if we went for a walk, saw the girls, and also some old women? Huh? Huh? Say something! I'm desperate! This body is eating me up today; I feel something about him... a certain itching... and I don't know what else — that I can't stand still for a moment!

RUIBARBO — Good Lord! You, Melquíades!

MELQUÍADES — No, not me! I don't want to bear any cross, but if it is a cruise I might still accept it. As for crosses, these ones that you see over there are enough (*pointing at the books*).

GALANTE — I want all of it: crosses, cruises, little cruises, crusades, little crosses, and anything else I might be given, which I can enjoy without losing anything!

GUINDASTE — Not without losing, Galante; but without pining, suffering, then, yes! By virtue of...

GALANTE — You don't know what you're saying: there are men who the more pleasure they have, the more they get! Therefore, I put forward a proposition that is most often true, although sometimes fallible.

MELQUÍADES — Do they know what is convenient and entertaining for me? Going for a walk, talking, seeing the girls. (*Taking his hat*). Those who wish to follow me, do it, come on! Come on, come on everyone! (*He pulls one, pulls another; none of them wants to leave; he then takes the cane and leave*s).

GUINDASTE (*to Galante*) — Our friend Melquíades has changed completely! From the good student he was has he turned into the most extravagant person in this century. Good God! God forbid! He is cheeky as hell!

RUIBARBO — This is because today was his birthday! Tomorrow...

GUINDASTE — So you re telling me! I noticed from the beginning.

MELQUÍADES (*coming in after a few minutes*) — You know, boys, I walked, wandered, turned here and there, moved, and turned again. And I decided nothing about what I was looking for and what I saw! Well, it's true, and it's as certain as the Sheep with its eyes open. (*He points at Galante*). And I've learned only two things, or collected two thoughts. First, that there are two ways of living in society; one when you can be with women of a certain class and go to gambling houses; etc.; another when you look at all this with great indifference, and many times find it disgusting, and only call family homes, or upper — class and distinguished people! And there is another difference: those who want to be true constitutionalists, and do not have a family, that is, those who are not married, or if they are, they do not live with their wives, are forced to visit such houses; and those who have no regard for the Constitution are the ones who derive most pleasure! Thus, you can see that I haven't wasted any time.

GUINDASTE (*to Galante and Ruibarbo*) — Our Father always gives us some proof he is still a student! He is always bringing us something... he discovers things that so far we have ignored, things that have been gleaned from his philosophical experience! And with that he also acts as a teacher by teaching us some lessons.

MELQUÍADES — The other truth — or the other fact — is that this often comes from eating at hotels, or having home-made food! The former leads us to the first case; ordinarily they happen most often on Mondays. However, there are numerous exceptions to this rule, and this also applies to hotels. Note that many times there is real confusion. Anyway, undoubtedly food and drink lead us to this or that job, to this or that house, to this or that individual, to this or that business! They could even lead us to a crime! They can, in fact, and many times they do lead to an act of virtue, a heroic action, or a vile or unworthy action. (*Proceeding*). Sometimes I feel a certain narrowing in the canal that leads to the stomach. I have thought of attributing it to the lack of a certain act... But at the same time it reminds me that children, old men, old women, sick people, people traveling in campaigns, those who are at war — do not practice such acts; yet I know of many who suffer the same discomfort. Consequently, we must believe that this is not the main reason. Perhaps it comes from the qualities of the very liquids and meat we feed on, even the homes we live in, or even the people who serve us. Boys! I want to tell you another medical truth that I discovered today; and it is that it is always a bothersome evil that what should come out below comes out on top! If you only knew... what an unpleasant effect spitting sometimes has on me! If only it were equivalent to what I write, or were replaced by thoughts! But no way! I have tried it, and I always meet vexation. Another discovery: a certain person, until a certain time, could not forbear eating or drinking something without looking for someone who looked like the object or thing he is helping himself to. Yet, one day he convinced himself that he should proceed in a diametrically opposite way, that is, when he drank tea, for example, he should no longer look for people who had that color; and so with some other precepts! However, I think it's beautiful that we practice, or proceed — if it doesn't cause us any displeasure -—as we are advised to, even if only spiritually, which can be done in thousands of ways. Boys! I'm going to rest! (*He lies down; and wraps himself in a blanket; to his roommates*): If anyone comes for me, tell them I'm sleeping!

RUIBARBO — Galante, how do you feel about our Father Melquíades? He is a divine man! He is the greatest sage in the Universe! As bold as the boldest man, as active as the sun, as kind as the kindest Princess, as interesting as the firmament, as magnanimous as the best of fathers.

GALANTE — You're not wrong, but you forgot to add two things: extravagant and lively, sometimes like a provocative little snake!

GUINDASTE — And to prove all this, here is what he did today: he jumped; he danced; he played the devil as a student! Then he advised, taught, preached, and pretended to be a saint by being a philosopher! Lately he has sparked, lit up like a king! And now, as you have just seen, he has thrown himself on that bed, like a weary student or any other creature with a less serious life; and suddenly he has covered himself with a blanket.

MELQUÍADES (*getting up quickly and throwing the blanket in the face of his companions and disciples*) — Not all moments can be pleasant: I lay down; has anyone perchance come for me? I was having such a pleasant dream, and suddenly I felt a movement in my brain that really saddened me. Get up, boys! You are the quintessence of laziness!

ALL OF THEM (*getting up*) — What is the matter, Melquíades!? Are you insane?

MELQUÍADES — Oh hell! Why were you all sitting around!? (*Shouting*) Come on! Time for school! Move, boys! Get out! (*The others get up, and he makes them leave quickly, some with books falling from their hands; others still in slippers; in short, there is complete disorder among the four of them; as if a fire had broken out or some poisonous snake had appeared in the room).*

(*And in this way this Act should end — with the following words from Melquíades*). If I don't scare this pack of lazybones, they wouldn't even get enough for their tea today!

END OF COMEDY.

By: José Joaquim de Campos Leão — Qorpo-Santo
June 16th, Porto Alegre, 1866

POEMAS/POEMS

TERMOS

Quantos a endireitar!
Quantos podem se adotar!

Se de chinelos — chinelar
Ou de chinelos — andar;
De sapatos — sapatar;
De botinas — botinar;
De botas direi — botar!

Se de polvilho — polvilhar
Ou com polvilho — salpicar;
De cinzas digo — cinzar!

Se de rabeca — rabecar
Ou rabeca tocar;
De frauta, digo — frautar!

Se d'espingarda — espingardar
Ou tiros dar;
De pistola — pistolar!

Se de cigarro — cigarrar
Ou cigarros fumar;
De cachimbo — cachimbar;
De charuto — charutar!

Se de faca — facada,
E também facar;
De garfo — garfar,
E também garfada!

TERMS

How many to be set straight!
How many to be embraced!

If with flip-flops — flip-flopping
Or with flip-flops — walking
With shoes — shoeing
With ladies'booties — ladies' bootying
With boots I'd say — booting!

If of starch — starching
Or with starch — sprinkling;
Of ashes I'd say — ashing!

If of a fiddle — fiddling
Or fiddle playing;
Of a flute, I'd say — fluting!

If of a shotgun — shotgunning
Or just shooting;
Of a pistol — pistoling!

If of a cigarette — cigaretting
Or cigarette smoking;
Of a pipe — piping;
Of a cigar — cigarring!

If of a knife — stabbing,
And also knifing;
Of a fork — forking,
And also a biting

CONVERSAÇÃO COM UM BALAIO

Balaio — Ó homem! Tu não sabes
Que a vingança do sábio
É sempre o silêncio?

Homem — Pois eu falo, Balaio!?

Balaio — Não; mas escreves.

Homem — E eu faço bulha?

Balaio — Não; mas barulhas.

Homem — E alguém me ouviu?

Balaio — Não; mas te viu.

Homem — O que é o silêncio?

Balaio — É o oposto à bulha.

Homem — Escrevendo faço bulha?

Balaio — Não; guardas silêncio!

Logo:

Motivo não é escrever
Para sábio eu não ser!
Se não — sábio, sou poeta,
Ó Balaio, ó pateta!

CHATTING WITH A HAMPER

Hamper — Hey, man! Don't you know
That the wise man's revenge
Is always silence?

Man — But do I not talk, Hamper!?

Hamper — No; but you write.

Man — Do I cause confusion?

Hamper — No; but your noise is no illusion.

Man — And has anyone heard me?

Hamper — No; but your image is clear, you see?

Man — What is silence?

Hamper — It is the opposite of noise.

Man — Do I make noise by writing?

Hamper — No; you keep it quiet.

Therefore:

Writing does not mean
That a sage I haven't been!
If not a sage, a poet I am,
Oh Hamper, don't be so dumb!

EMBARQUE

Patrão: Então, Senhor Leão,
Vai vossamercê sozinho?
Não embarco assim, patrão:
Eu levo o meu ferrinho!

"Quando o Senhor volta?
Por agora eu não sei;
Mais tarde eu direi.
Para que fim quer saber?

"Para me entreter.

"Pode embarcar.
"Pois pode andar.
"O barco correr;
"Assim viajar.
"E nele fazer
"O que entender.

BOARDING

Master: "So, Mr. Foster,
Sir, are you travelling alone?"
"By all means, no, my master:
With me is my stone."

"When are you coming back?"
"For now I don't know;
Later my answer will show.
Why don't you let it go?"

"In order to please my soul"

"You may board the ship
You may walk and skip;
Run through the boat;

And travel with a good grip.
And in it play and float
To all this you can devote.

INCIVILIDADE

O estalo de um dedo
Feriu-me os ouvidos!
Bateu-me nos tímpanos

Com força tal
Que o castiçal,
Que tinha a luz,

Sentindo a dor,
Pôs-se a gemer!
Pôs-se a chorar

E disse-me:
Se me — tornar a bater
Há de sim ver
O rigor de meu braço!
O calor do meu fogo!

Respondi-lhe:
— Mui obrigado o Leão,
— Fica ao Senhor Latão!

INCIVILITY

The snap of a finger
Has hurt my ears!
And hit my eardrums

With such a force
That the candlestick,
Which held the light,

Feeling the pain,
Started to moan!
Started to cry

And it told me:
If you hit me again
You'll be in pain
With the power of my arm!
The heat of my fire!

I answered him:
— Thank you, Mr. Foster,
— You're welcome, Mr. Cop!

UM PINHEIRO

Juntei-me a um pinheiro,
Ele disse-me: Ai!
Chegue-se para lá
Não vê não — que me dá
Abalo imenso,
— Conquanto extenso!?

Ai! ai! que eu caio!
Ai! ai! — me acuda!
Senão — certa muda
Para a terra faço:
Senão — um espaço
Mui grande ocupo!

Com pena eu fiquei
Deste seu lamentar
A ele amparei,
De uma mão ele
De mui ledo
C'um dedo:

Desatou a chorar!
Pinheiro, não chores!
Disse-lhe rindo eu
Sabe, vê que é meu
Brinquedo o que fiz!
Responde-me ou diz:

Não torne a brincar.
Pois me vai — inutilizar!
Pode matar
A arvore deixei.
Para casa voltei
A refletir, pensar,
Sobre seu lamentar!

A PINE TREE

I met a pine tree
He said to me: "Ouch!
Move away from me
Why can't you see
You shake me so deeply
— and profoundly?"

Ouch! Ouch! I'm falling!
Ouch! Ouch! Do help me out!
Otherwise — no doubt
To the ground I'll head for:
Or else — there's room galore
For me to occupy!

I was remorseful
For his sorrow
Support him I did
With one hand indeed
He was such a clinger
With merely one finger

He burst into tears!
Pine tree, don't you cry!
I said, laughing
You see, I am joking
I am kidding
Answer me or say something

Don't joke anymore.
I hereby implore
You can be quite a chore
I left the tree
And went back home with glee
To reflect, to consider
About his feeling with no shimmer!

CONCEITO

Alto e baixo — de mim se utilizam
Diversas coisas — em mim depositam.

CONCEPT

Up and down — they always use me
For sundry things — for them a store I may be.

CHARADA

Entro em toda a parte I
Domino entre as árvores 3

CHARADE

I am everywhere I
I rule among the trees 3

BOTINAS

Ó tu, minhas botinas!
Cada dia — mais t'afinas!
Me — pareces bonecas;
Me — pareces petecas!
Estás tão pretinhas...
Tão reluzentinhas...
— Faz, ganhas aposta
— As negras da Costa!

LADIES' BOOTS

Oh, you, my ladies' boots!
Each day — the better your attributes!
To me, you look like dolls;
Like a shuttlecock that never falls!
You are so very dark...
But you show every shiny spark...
— Go, win a gamble more
— The black women of the shore!

CABELO

Um cabelo do bigode,
Nas ventas me — quis penetrar;
Pensei logo que de aranha,
Porque senti-me — arranhar,
A perna era tamanha!
Rapidamente o tirei.
Vendo-o, me — tranquilizei...
— Tudo incomodar pode!

HAIR

A strand of a man's face hair
In my nose wanted to dwell;
I immediately thought of a spider,
Once I felt it scratching like hell.
Its leg showing it was a real rider!
I quickly removed the thing.
After that there came some soothing.
— Such nuisance is not fair.

BICOS

Os bicos de aço
Com que traço
Estas letrinhas;
De umas pombinhas
Que ora crescem,
Bicos parecem!

BEAKS

The steel beaks
Whose careful streaks
Form these tiny letters,
Like little doves's feathers
That now grow
Like beaks they do show!

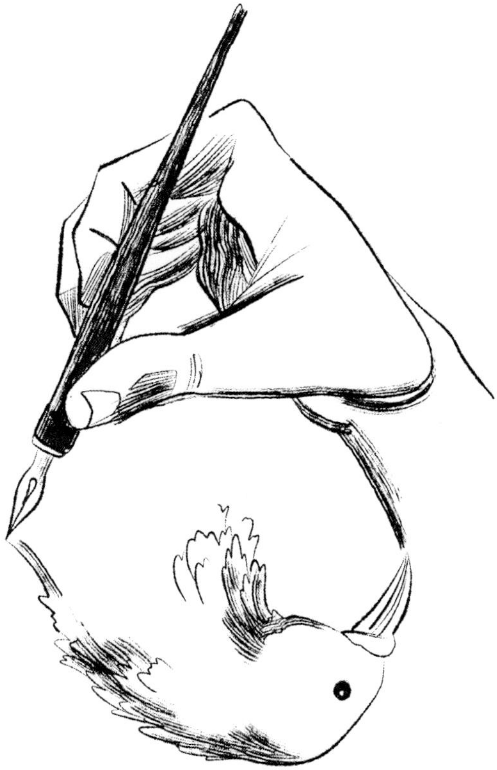

QUEM!?

Nasceu em um ninho;
Fez-se um anjinho;
Fez-se um santinho;
Fez-se um deusinho!

Ou, de um anão

Chamado — Balão,
Fez-se um santão;
Fez-se um Deusão!

WHO!?

It sprung in a nest;
It became a little angel;
It became a little saint;
It became a little god!

Or, of a dwarf

Called — Balloon,
It became an enormous saint;
It became an enormous God!

PICO DE ADÃO

Levanta-se na ilha Ceilão
O monte — Pico d'Adão;
Deste primeiro homem
Quem lhe — daria o nome?

ADAM'S PEAK

It arises in the Ceylon island
The mount — Adam's Peak;
Of this first man
Who would — give him his name?

R.I.P.

NÃO ME LEMBRA A REFERÊNCIA

Poucos deles — produziram;
Mui poucos — se converteram:
A maior parte — fugiram;
E quase todos — morreram!

I CANNOT RECALL THE REFERENCE

Few of them — have been produced;
Fewer still — have been converted:
The majority — has fled;
And almost all of them — have died!

SERVIÇO DE UM CÃO

Certo cão prestou-me
Um grande serviço:
Estava precisando;
Consoante dando,
A certo verso meu;
Quando ele lambeu
Carne de banco!

Foi tal e tanto,
Barulho que fez,
Que mais de três,
Em vez de duas,
Palavras suas,
Eu logo achei;
Com elas rimei!

A DOG'S SERVICE

A certain dog has provided me
A huge service:
It needed it;
As giving,
To a certain verse of mine;
When he licked
The bench's meat!

It was such and so much
Noise it made,
That over three,
Instead of two,
Words of his,
I soon found;
With those I made rhymes.

CIRCUNSTÂNCIAS

Dinheiro — preciso?...
— Vendo os meus trastes!
Pois que — o meu siso
Não pode pedi-lo!

CIRCUMSTANCES

Money — is it of the essence?...
— I can sell all my junk!
Because — my good sense
Cannot ask for it!

MOTE

Sábado fez quinta-feira,
Domingo fez três semanas,
Que pariu a porca um burro,
Mas com vinte e cinco mamas

MOTTO

Saturday was Thursday
On Sunday three weeks were past
That the sow whelped a donkey
But with twenty-five breasts

EU MESMO ME LECIONAREI

Ando aqui meio embrulhado
Com a cópia que hei tirado!
Porque deveras — eu não sei
Até que palavra copiei

— Quanto ao sétimo caderno!
No borrão vi — não declarei
— Té que verso alegre ou terno
— À tal cópia o fim eu dei.
Providência eu tomarei;
Eu mesmo me lecionarei!

I WILL TEACH MYSELF

I have been rather confused
With the copy I have used
Because indeed — I don't know
Even which word I show.

— As to the seventh notebook!
In the blot I saw — but did not state
— What tender or joyful verse
— To such copy and end I gave
Steps I shall take
Of myself a teacher I will make.

ALICANTINAS

Andava uma pulga,
Bem por cima da meia;
Encontra com outra
Sobre a mesma teia

Quem pensa ou julga,
Que uma tal pulga,
Assim se — pusesse
Assim procedesse!?

TRICKERY

A flea was hopping
Right on my sock
And it met another flea
Taking the same walk

Whoever would think or deem
That such a flea
This way could act
Like this proceed in fact?

ARANHAS

Tão lindas as aranhas
Tão belas, tão ternas
Pois caem do teto
E não quebram as pernas!

SPIDERS

So fair are spiders
So beautiful, so full of charm
They fall from the ceiling
And do to their legs no harm!

UMA MINHA TRIPA

Se eu me rio,
A tripa canta;
Se estou sério,
Ela se espanta!

Que forte tripa!
Que sempre grita;
Que sempre canta;
Ou se espanta!

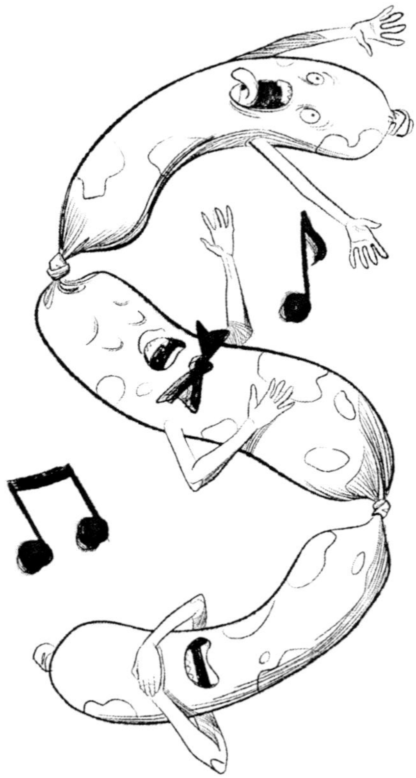

A GUT OF MINE

If I laugh
My gut sings a serenade
If I am serious
My gut is amazed!

What a strong gut I have
It is always crying;
Or always singing a tune
Or amazed at the moon!

O SÁBIO

O sábio — não dorme!
O sábio — não muda!
O sábio — estuda!
O sábio — acorda!

THE WISE ONE

The wise one — does not sleep!
The wise one — does not move!
The wise one — his studies he does choose
The wise one — wakes up!

FIGURAS

Não somos mais que figuras,
Como opina Aristides?
O célebre filósofo Lot?
Não quero eu crer nesse pó!

FIGURES

Are we no further than figures
As Aristides would say?
The noted philosopher Lot?
I don't believe in this plot!

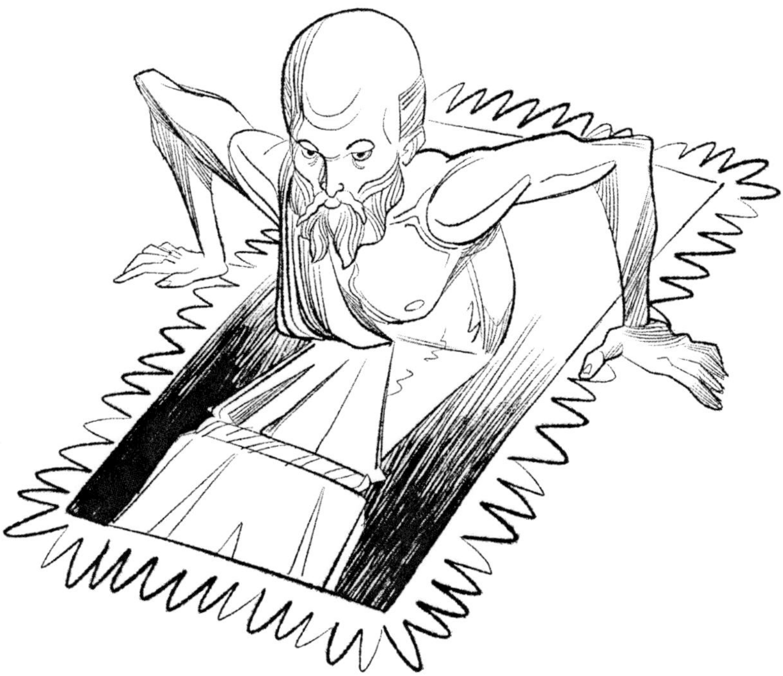

SABER

Ser eu mais sábio;
Ou ser mais profundo,
Creio — só noutro mundo!
Neste — não pode existir,
Sem nosso Redentor vir!

— São graças que Deus faz
Àquele que lhe apraz!
Não vivo num ensaio!...

Tudo vejo, move
A alta Vontade
Do Onipotente!
O que esta verdade
Quiser contrariar,
Quer estúpido andar!
Desconhece a ordem
Real; providente!

ON KNOWING

My being wiser;
Or my being more severe
I believe — only in another sphere!
Not in this one — this cannot be,
Unless the Redeemer comes to set us free.

— These are blessing God gives
To the one that for Him lives!
I am not in a rehearsal!...

Everything I see, everything moves
The High Will
Of the Omnipotent!
The one this truth
Wants to contravene,
He is a fool in the scene!
He doesn't recognize the real
Order; how provident!

RELAÇÕES DA MATÉRIA COM O ESPÍRITO

Se coco — ouvido,
Pensamento — tido
Em a do corpo — pai,
Que para a pena vai!

Se orelha me come,
Já sei que é fome,
Que a tal pena tem,
— De escrever também!

Se coço um olho,
Já sei que é molho,
Fina tinta também,
— Que à pena me vem!

S'esfrego a perna,
Já sei que é terna
Poesia minha,
— C' o cérebro tinha!

Se me pica o braço,
Já sei que é traço,
Que ao papel dou,
— E no qual findou!

Se mexo um dedo,
Já sei muito cedo,
— À mesa hei de ir,
— Ao papel ferir!

Se bulo o corpo,
Já sei que é torto
O verso que sai...
A endireitar vai

S' esfrego o peito,
Só muito respeito
Haveis tributar
— Ao que a pena lançar

Mas se é o suvaco,
Então sim — é gato,
(Venenosa aranha),
— Que a biltre arranha!

Porém se a barriga,
Audaz é formiga,
Que atreve soldado
— A bater malvado!

Mas se é em um pé,
Algum sai rapé,
Que dá para sorver
— A quem o entender!

Se, porém, é coxa,
Se vê fita roxa,
Que envolve um menino
— Muito pequenino!

Se numa canela,
É pó de tigela,
Que eu dou a tomar,
— A quem mais me amar!

Se é o pescoço,
É coisa que posso,
A muitos escrever,
— Para os entreter!

Se é o umbigo,
É doce de figo,
Que me chupa alguém
— Que amores me tem!

Se é a goela,
É certa panela,
Que vai pôr a ferver
— A alguém que me ler!

Se é o cachaço,
É um grosso maço
De alguns documentos,
— Pra vossos tormentos!

Se é uma unha,
É grapiapunha,
Que o lombo toca
— De certa taboca!

Se é uma face,
Se me diz passe
À mesa escrever,
— Ou a versos fazer!

Se é algum dente,
É mui fino pente
Em dura cabeça
— De uma certa pessoa!

Se é algum lábio,
Então temos beijo…
Mui doce que vejo
— Nele imprimir-se!

Se é o bigode,
Então não se pode
Deixar ao mundo
— De dizer-se tudo!

Se é no queixo,
Então eu não deixo
De alguém satirizar;
— É o endireitar!

Se é no nariz,
Sai bicho que diz:
Mata e esfola!
— Ou quebra a mola!

Se é na venta,
Então temos tenta,
Que se não rebenta;
— Que alguém contenta!

Se é o joelho,
É lindo espelho,
Com quem se atira,
— A loucos de ira!

Se é em um nervo,
Diz-me que é tempo
O que aqui contemplo,
— A algum prelo dar!

Quando a cabeça coço,
Eu vejo que tudo posso!
Faço agora eu dançar
— A certo menino, pular!

Eu hei de fazê-lo miar,
Qual gato espavorido,
Que sendo de cão ferido,
— Bufa logo a corcoviar!

Eu hei de fazê-lo andar,
Qual cachorro perdigueiro!
De todos os lados – batido,
— Que a todos inspire dó!

Eu hei de fazê-lo viver,
Qual lontra que a gente ver,
Esconde-se de repente;
— Ou foge como demente!

Eu hei de fazê-lo fugir!
Pra bem longe ele há de ir!
Não consinto mais ferir
— A do povo bolsa; e rir!

É muito viver malvado!
Deve, pois, ser enforcado!
Não estamos já em era,
— Dentre nós ver-se uma fera!

Deve, pois, ser condenado
Por nobre povo em massa!
— Assim quer Deus que se faça
— Ao pérfido; tresloucado!

MATTER AND MIND RELATIONSHIPS

If coconut — ear,
It thought — past
If a body — father,
To the quill will go — rather!

If my ear eats me,
I know it is hunger
Such quill will need
— to write — indeed!

If I scratch one eye
I know it is dry
Fine ink surely will
— come quickly to the quill!

If a rub my leg someday
I know how gently I will say
My poetry — my inspiration
— with my brain in operation!

If there's a sting in my arm
I know it is no harm
I give the paper in my hand
— in which it has an end!

If I move a finger,
I know it much early
— At the table I shall sit
— And the paper I shall hit!

If I shake my body
I know the crooked verse
That does appear
Will no doubt be clear

If I rub my chest,
Just a lot of respect
You shall pay
— To what the quill will say.

But if it i my armpit,
Then, yes — there's a cat in it
(a venomous spider),
— the vile one is a scratching rider.

However, if it is my tummy
It is a bold fake chummy
That like a daring trooper
Strikes — an evil-doer!

But if it is in one foot,
Some snuff is afoot,
Which one can sip
If his mind gets a grip

If, however, it is a thigh
A purple ribbon is seen
It involves a boy
— a young thing of joy!

If it is in a shin
Powder in a bowl — no sin
I happily tender
— to whom most love does render

If it is my scrag
It is stuff in my bag
To write to many with a brain
— Those I want to entertain!

If it is my bellybutton,
It is delicious mutton
One eats with relish
— And my heart can embellish!

If it is my throat,
It is a hot pot of oat
That will make one sizzle
— reading me under a drizzle.

If it is my nape
It is of a thick shape
Of some documents
— for all your toments!

If my nail it is,
Apuleia Praecox is a bliss
That touches the back
Of a bamboo that is slack!

If it is my face
If it gives me the grace
I go to the table to write
— verses until midnight!

If it is a tooth
It is too thin in truth
In the mental hole
— of a certain living soul

If it is one lip of mine
Then we have a kiss...
A really sweet bliss
— in it to do this.

If it is my moustache
The world will have a splash
Of your deepest revealing
— of your heart's feeling!

If it is on my chin
Then I will surely begin
To satirize someone;
— to s traight him and have fun!

If it is on my nose,
Says a beast that is close,
Kill and skin!
— Or you break the spring!

If it is in the nose
Then our attention shows
If it does not snap
— Someone will be happy!

If it is my knee,
In a mirror will I see
Like one who takes a fling
— angry at anything!

If it is a nerve,
Tell me is is time
For my bells to chime
— and some printing to have!

If I scratch my head
There's nothing to see red!
I now can put to dance
— a certain boy in a trance!

I shall make him meow
A frightened cat he will bow
Being bitten by a dog
— will soon hide in a log!

I shall make him walk
Like a terrible bloodhound
From all sides — beaten up,
— That he prompt pity from all!

I shall make him hold on
Like a lotter we bump on
He hides suddenly;
— or runs dementedly!

I shall make him flee!
Too far will he surely be!
I cannot would by any degree
— A person and still laugh with glee!

It is too bad to live in evil!
He must then be hanged — no upheaval!
We are already in time,
— to see a beast someti-me!

He should then be proscribed
By noble people en masse!
— Thus God wants for these classes:
— the perfidious; the ones described!

VERDADE

Digo a verdade,
Sem o menor rebuço;
Não faço alarde,
Quando ela arde!

Se não moralizo,
É por prejuízo,
D' esses que me — veem
Me — ouvem; me — leem!

Culpa eu não tenho,
Se isso acontece;
Pois se mais pudesse,
Muito mais faria!

Dia, porém, virá,
Que a todos fará,
Ou a seu coração
— A maior impressão!

TRUTH

I tell the truth
Without any commotion;
I don't make a fuss
When it causes corrosion!

If I don't moralize,
It is to jeopardize
Those who see me
Hear me; read me!

Guilty I am not,
If this may happen
I would not sadden
If more I could do!

But the day will arrive,
When all will be alive
In their lone heart
— with the best restart!

A UM SR. FACHO

Pedaço.

Mas eu não os acho;
E para que — o Facho,
Que afirma — comprou,
Mas que eu sei — furtou,
Sabendo o fique
E não o imite.

No proceder seu
Algum filho meu,
— Aqui escrevi,
Aqui referi
Do Facho — ato,
— Que aqui mato!

TO A CERTAIN MR. BEAM

A piece

But I can't fim them;
And what for — Mr. Beam
Who claims — has bought,
But I know — stealing he was caught
If you know it don't go
Don't copy him just for a show.

In his proceeding line
Some child of mine
— Here I have written
Here I have not hidden
From Facho — act
— That I kill; that's a fact!

O MEU ANEL

Quero que me poetizes...
    Eu:
Pois você também quer versos?
    Ele:
O Senhor faz a tudo, todos!

Estou vendo que queres bolos!
    Ele:
Nesse caso hei de eu fugir!
    Eu:
Sim? e eu te — hei — de perseguir
Até cair.

Até respeito me teres;
Cumprires os teus deveres
Lembra-te te faço favor,
Em viver teu dino — Senhor!

MY RING

I want you to poeticize me...
I:
Would you also like some verse?
He:
You write to all, everything

I see you want cakes!
He:
In that case I will run away!!
I:
Really? I'll chase you and make you stay
Till I have noo say.

Until you show me respect;
And in your duties you are correct;
Remember to you I am helpful
By living your dino — Lord, be merciful!

PINTADO

Fiquei muito admirado,
— Ao ver certo pintado,
Depois de destripado,
Ou seu vácuo limpado,

— Alto três palmos pular!
— Pus-me a considerar
Sua força muscular,
Sem vida pensando estar!

SPECKLED CATFISH

I was really startled
— when a catfish I did behold
After being disemboweled
Or its vacuum scrubbed,

— Forty inches jumping
— I started pondering
About the strength it's losing
When it thinks it's not living!

ADIVINHEM

Veio de lá para cá
E foi daqui para lá.
De lá a vir se — fará
De cá para lá irá!

RIDDLE ME THIS

It walked fro and to
And it walked to and fro.
Coming from there — it will
From here to there — it fits the bill!

A QUE SE REFERIRIA!?

Eu ia aumentar
Eu não ia tirar
Não ia emendar
Eu só ia botar!

WHAT WOULD YOU BE REFERRING TO!?

I was not going to increase
And not going to make it decrease
And not going to repair
But just going to make it fair!

DISTRAÇÃO

Ó Rapapel!
Dize-me, sim:
Inda fazes
Velho papel?

Dize-me:
Ainda jogas
Por casas alheias
— As gordas seias
— Da tua mulher?

Dize-me:
Ainda pintas
Com grosso mingau
Aquela bisnau
Que nas cozinhas
— Tu sempre tinhas?

Dize-me:
Ainda passeias
De noite; de dia;
Por causa da tia,
Que tanto gostavas,
Ou tanto amavas?

Dize-me:
Inda foges da tua;
As das tias vais
— Comer enguias;
Ou gordo leitão,
— Ó grão comilão!?

Dize-me:
Ind'essa barriga,
Toda a espiga,
Que ao longe vir,
Quererá embutir?

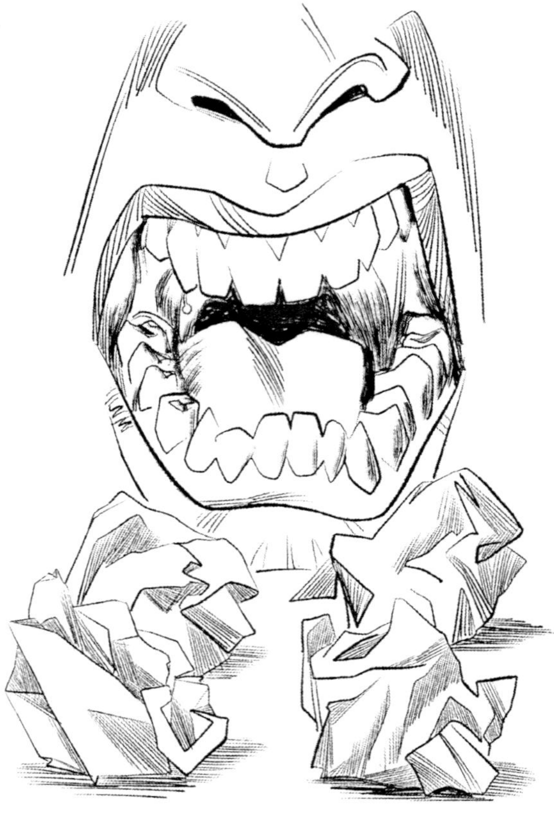

Dize-me:
Inda essa boca
Maior que a toca
De Santo Antonio
Ou que a do demônio,

Tudo o que vir,
— Há de engulir?
Escarro cuspir;
— E a todos ferir!?
Dize-me:
Ou da guela,

Salta, que pela
Licor de canela:
Que a muitos, rir;
A outros, grunhir;
Alguns, confundir!?

Dize-me:
Inda é teu costume
— Misturar betume:
Fazer dele, gume;
E com ele, cortar;
Do fato, aparar
A aba a fartar!?

Dize-me, meu queridinho!
Far-te-hei um versinho!

Se não, eu direi:
— Que és um pateta;
— Que não és poeta:
Ou que és trombeta
— Que o mais é peta.

DISTRACTION

Oh Rapapel!
Tell me you do:
Do you still play
Your old role? Please tell.

Tell me:
Do still play
Around alien houses?
— the stuffed blouses
— of your wife?

Tell me:
Do you still paint
With thick soup
That wily woman in the group
That you had in the kitchen
— That you had as a given?

Tell me:
Do you still go for a walk
During the day; during the night:
Because of that maid — what a sight!
You liked so much
Or loved as such?

Tell me:
Do you still avoid yours;
And to the old maids you go
— To relish eels;
Or some fat pork,
— you king of a fork!?

Tell me:
Still into this paunch
A corncob you want to launch,
One that from afar you've seen
You want to stuff it in?

Tell me:
Still this mouth
Bigger than the den in the south
Where Saint Anthony is
Or that the devil won't miss?

All that you can see
— Will you swallow on a spree?
Sputum spit away
— And one by one betray?
Tell me:
Or from your maw

Springs seething
Liquor that stops breathing
To some who start laughing,
Others start grawling;
And still others abashing?

Tell me:
Is it still your usual acumen
To mix some bitumen
And use it for hewing
And with it to clip
And leave no tip
Of the flap suit?

Tell me, my lovely!
I'll write you a little verse!

Otherwise, I'll say:
— you are a complete fool;
— you are not a versifier
Or you can ot keep a secret
— All else is mere racket.

HAVERES

Tens a capa de um papa!
Tens mitra em certa tripa!
Tens dourado, tens bordado!
Tens chapéu, tens longo

BELONGINGS

You wear the pallium of a pope!
You wear the mitre in a certain tripe!
You wear golden embroidered clothes!
You wear a hat, you wear a long veil!

NÃO SEI QUE

Ele salta, pula e dança
E não lhe — cansa
(Come a fartar!)
Seu saltar, seu pular, seu dançar!

I DON'T KNOW WHAT

He can jump, skip and dance
With him tiredness has no chance
(He eats without stopping!)
His jumping, his skipping, his dancing!

POSFÁCIO

Quanto mais lemos, percebemos as nuances nas quais Qorpo-Santo nos enlaça: estamos em um mundo duplo, onde o racional e o irracional se chocam e aparentemente não têm sentido. O jogo é esse. Ele segura o espelho do século XIX e espalha-o pelo XX e XXI. O reflexo é tão nítido e forte que até hoje se torna chocante, pois é o caos da vida, é a vivência pura e sem filtros, é o ser humano em sua potência extrema.

Tive a felicidade de, através de uma pesquisa que meu falecido pai — Carlos Roberto Leão (1950–2007) — fazia a respeito da família Leão, descobrir que meu hexavô — Francisco Machado Leão (1738–1801) — foi avô de José Joaquim de Campos Leão Qorpo-Santo. Sou primo de sexta geração e, depois que soube disso, resolvi pesquisar cada vez mais a respeito desse escritor, professor e homem de várias vivências. Deixo aqui meu agradecimento ao genealogista Diego de Leão Pufal, que apesar do sobrenome, me explicou ser de outra ramificação da família Leão, aquela da emboscada durante a Revolução Farroupilha. Mas isso será assunto para outro momento.

Ao voltarmos para a questão do espelho, cito Hélcio Pereira da Silva, que em seu livro *Qorpo-Santo Universo do Absurdo* (1983, p.33) assinala que "O absurdo de Qorpo-Santo consistia, dentro da sua sociedade *ajuizada*, em refletir o que os homens procuravam esconder dos seus semelhantes no mundo em que ele vivia e nós vivemos". Só aqui já podemos perceber o quanto a obra desse escritor é importante — e mais que isso, atualíssima. Afinal de contas, nosso espelho de hoje tem a ver com a rede mundial de computadores e suas "redes sociais". O perceptível que "irá escrito", vai de roldão para dentro de aplicativos que definem sociabilidades com um clique. Seríamos dessa forma, loucos também?

A tarefa de buscar em Qorpo-Santo essas características advindas de conceitos posteriores à sua vida de escritor, com certeza, não é fácil, e o que faz a Dra. Fernanda Marques Granato nesta obra é mais um passo importante para que o autor seja cada vez mais reconhecido no mundo da literatura. Além disso, o prefácio da Dra. Alzira Allegro e as ilustrações de Bruno Romão nos preparam e atualizam sobre a importância imagética dos escritos de Leão — uma obra com mais de 150 anos.

Faria muito bem atentarmos para o balaio de Qorpo-Santo: escrever faz barulhar, e nosso Leão sabia muito bem disso ao "rugir" a bico de pena suas razões. O duplo aqui se faz mais uma vez forte e presente. José Joaquim de Campos Leão e Qorpo-Santo irão se fundir, se mesclarão para o bem das peças e poemas. Estarão atentos ao momento da criação, mesmo que não pareçam. Explodirão em sentenças que fará o barulho acontecer. Chamarão de louco, uma vez que loucos são aqueles que não souberam (ou não quiserem deliberadamente) entender sua genialidade e apuro temporal.

O que QS escreveu é permanência, é história, é arte, é paixão humana, é potência, como já mencionei lá em cima. Tentaram calar-lhe uma dádiva do corpo: a voz (quem sabe aquela das ondas sonoras). Mas esqueceram que o "qorpo" é um conjunto e quando ele se combina, faz com que a mão segure a ferramenta da época — o bico de pena — e pontue no papel todas as idiossincrasias pertinentes ao século XIX e sua "gente de bem".

Fernando Leão
Professor no Instituto Federal da Bahia (IFBA), cineasta e jornalista

AFTERWORD

The more we read, the more we realize the nuances in which Qorpo-Santo entangles us: we are in a double world, where the rational and the irrational collide and apparently make no sense. That's the game. He holds up the mirror of the 19th century and spreads it over the 20th and 21st. The reflection is so clear and strong that even today it is shocking, because it is the chaos of life, it is pure and unfiltered experience, it is the human being in its extreme power.

I was fortunate enough, through research that my late father — Carlos Roberto Leão (1950-2007) — was doing on the Leão family, to discover that my great-great-grandfather — Francisco Machado Leão (1738-1801) — was the grandfather of José Joaquim de Campos Leão Qorpo-Santo. I'm a sixth cousin and, after finding out, I decided to research more and more about this writer, teacher and man of many experiences. I would like to thank the genealogist Diego de Leão Pufal, who, despite his surname, explained to me that he came from another branch of the Leão family, the one that was ambushed during the Farroupilha Revolution. But that's a topic for another time.

When we return to the question of the mirror, I quote Hélcio Pereira da Silva, who in his book Qorpo-Santo Universo do Absurdo (1983, p.33) points out that "Qorpo-Santo's absurdity consisted, within his well-advised society, in reflecting what men tried to hide from their fellow human beings in the world in which he lived and we live". Just here we can see how important this writer's work is — and what's more, it's very topical. After all, our mirror today has to do with the world wide web and its "social networks". *The* perceptible that "will be written", goes tumbling into applications that define sociability at the click of a button. Are we crazy too?

The task of looking for these characteristics in Qorpo-Santo, which come from concepts after his life as a writer, is certainly not easy, and what Dr. Fernanda Marques Granato does in this work is another important step for the author to be increasingly recognized in the world of literature. In addition, the preface by Dr. Alzira Allegro and the illustrations by Bruno Romão prepare us and bring us up to date on the importance of imagery in Leão's writings — a work that is more than 150 years old.

We'd do well to pay attention to Qorpo-Santo's bucket: writing makes noise, and our Lion knew this very well when he "roared" his reasons with a pen. The double here is once again strong and present. José Joaquim de Campos Leão and Qorpo-Santo will merge for the good of the plays and poems. They will be attentive to the moment of creation, even if they don't seem to be. They will explode in sentences that will make the noise happen. They'll call him crazy, since crazy people are those who haven't been able (or deliberately don't want) to understand his genius and timing.

What QS wrote is permanence, it's history, it's art, it's human passion, it's power, as I mentioned above. They tried to silence a gift of the body: the voice (perhaps that of sound waves). But they forgot that the "body" is a whole and when it combines, it makes the hand hold the tool of the time — the quill pen — and punctuate on paper all the idiosyncrasies pertinent to the 19th century and its "good people".

Fernando Leão
Professor at Federal Institute of Bahia (IFBA),
filmmaker and journalist